[新加坡] 林俊杰

何昕明 著

Road to JJ20

Beyond
The
Music

超越音符

林俊杰 20 周年

果麦文化　出品

Preface | 序言 |

怪爱 JJ

2023 年，我们为应届毕业生办了一个很酷的"不设限毕业礼"，有着超前的概念，邀请了不少年轻人喜欢的艺人出席，其中就有林俊杰。看到名单里有他的时候，我非常开心，因为我是 JJ 的歌迷。在他的作品中，我可以瞬间脑补出至少十首适合毕业礼的歌。而我感叹的是，那么多年前他就是年轻人最爱的歌手之一,而到了如今,毕业生们依然深爱林俊杰。这位歌手的花期也太长了吧?

是啊!谁会不爱林俊杰呢?
还记得我粉上JJ是好多年前,我们节目邀请他来的时候。那次因为行程较远他飞了很久,清晨才到达。下飞机直接来了现场,到了现场就直接开始彩排试音。那时的我因为早起脸还没消肿,听到他第一句歌声出来的时候,我整个人惊呆了。这也太会唱了吧!请问这样的嗓子合理吗?这符合人体结构吗?他是用什么时间休息嗓子和开嗓的呢?真的非常让人惊讶和赞叹。其实我知道他不太喜欢别人说他是"行走的CD",这会让他感觉自己是一个机器人在重复播放。可是,他确实每次就是这么完美、这么无懈可击,所以,怪我们喽?

我记得后来快乐家族的演唱企划邀请JJ来助阵,他二话不说就答应了,还邀请我们去圣所一起头脑风暴,讨论音乐的创意和表演的细节。那是我第一次去圣所,也是第一次看到一个人可以为音乐为创作做到什么程度。说是头脑风暴,其实他已经有了很完整的想法。除了邀请我合唱他的《伟大的渺小》之外,还很用心地把我们节目的主题旋律《啦啦歌》融入他的音乐里。后来演唱现场这段旋律响起来的时候,好多人都感动地哭了,这就是他对音乐的用心,更是对朋友对观众的用心。那一次和JJ合唱,我纯纯就是一种被强者带飞的感觉。虽然之前也很开心被邀请到他演唱会去做过嘉宾，有过合唱的荣幸，但这一次演唱企划，JJ非常感人地把重要的部分留给了我，而他则陪着我唱，这让我压力好大，练了很久。老实说，我唱完自己那一段，接着听到JJ开口的时候，我心想：噢这首歌就应该是这样唱的呀！我到底是在努力什么哈哈哈！不过我当然觉得和JJ一起表演很开心，也看到很多观众评价说看到这样的合作真的很感动！虽然也有些朋友后来忍不住说了实话，说：唉，如果是JJ独唱就更好了！谁又不是这么想的呢？所以又怪我喽？

后来就在各种各样的音综节目里看到JJ来帮帮唱，就算节目他没有常驻，也经常会出现他的歌曲，就是传说中的"林俊杰没来，歌来了"。如果有哪一位歌手想要挑战一首家喻户晓又有难度的歌，大概率就会选择林俊杰，甚至有时一期节目里不止一首，一首歌不止出现在三四个音综。我一直在等待一个可以和他合作一整个项目的机会，不知道为什么一直没有实现。难道缘分还没到？是不是也怪我这个粉丝太心急呢？

再后来JJ出道二十周年，他又把这样重要的纪念放在了我们的节目。这一次我们和很多歌迷惊喜感动相见了,另外还有一个设定是通过游戏赢到最后的嘉宾可以和林俊杰合唱。本身以为只是一个节目的设定,没想到嘉宾们玩得都特别认真。原来那天来的很多人都是 JJ 的忠实歌迷,都想和他合唱,还都准备好了华丽的演出服。当然最后合唱的人数有限,有人喜出望外,有人遗憾。记得恩熙妹妹本来赢了,但是看心心念念的张远那么难过,就把合唱的机会让给了小远,这成为一段佳话。事后大家就在感慨,明明知道人人都爱林俊杰,都想要和他合唱,为什么名额不能多设定几个呢?唉,还是怪我们呀。

那次的不设限毕业礼,林俊杰的表演当然是全场大合唱,让人感动,也特别振奋。他演出完了离场,而我们还有一部分内容录制,我一边主持一边还回味无穷。当我结束了所有工作收拾好东西准备离开的时候,导演找到我,说林俊杰演唱完了之后一直都没有走,他在等你。我很吃惊地问:怎么了吗?导演告诉我,JJ 说好久没见了,想你了,想要跟你合一张影再走。我当时脑子嗡了一下,那个心情很复杂,高兴,感动,很甜,又觉得意外。这也太贴心了吧!我感觉我作为歌迷还是太内向了,应该我主动提这样的要求才对吧?真的还是怪我!

和林俊杰还有他的音乐一起走过的这些年,回想起来,其实我们是有过深聊,但是他好像并没有和我侃侃而谈过很多次，但是不知道为什么，我就是觉得他很亲，觉得他很近，可能是因为他做的很多事不是通过语言，而是通过行动，或是通过音乐，这样一个特别的存在让我很珍惜。出道二十年的林俊杰写了一本书。很荣幸可以提前看了全书。这本书和他很像，很纯粹。关于创作、关于音乐、关于人生，语气特别像在跟你面对面说话。你应该和我一样，挺想听他在你面前说这么多话吧？所以，这本书很珍贵，希望你打开这本书，静静地听听二十年一路走来的JJ林俊杰想对你说什么。如果你错过了，别怪我哦！

何炅

Preface II
序 言 II

不为谁而做的梦

2003 年，那是 CD 的年代，
我在滚石唱片楼下的"学友唱片"，
漫无目的地翻看着，
有什么新的音乐可以给我惊喜。

店员冷不防凑近，递上了一张唱片，
封面是一个年轻的小帅哥，

张开双手飘浮在圆月前。

"这个好听噢!"

基于店员的长期推荐,
都没有踩雷翻车的信任下,
我通常都会不犹豫地买下带回。

但这是店员第一次推荐华语专辑,
"这小子有什么通天本领吗?"
我在半信半疑的心情下,
把这张名为《乐行者》的作品买回家了。

-

我颇为惊讶。
这是一张从演唱、词曲、编曲,
都很悦耳、创新,毫不生涩的作品,
而这都出自一位新人之手。

某次的典礼后台,
我遇到了这个很有两把刷子的家伙,
"你的唱片很棒!"
他露出了有点害羞的两个酒窝,

那是我最后一次看到新人姿态的他。

同年,
他拿下 2004 年的金曲奖最佳新人奖。

-

之后再见到他,
已经是大气而自信的他了,
一首一首的超级金曲,
一次一次的完美舞台,
这个当初害羞的年轻音乐人,
蜕变成一个家喻户晓的名字。

这 20 年中,
我也有幸与他进行了《黑武士》《黑暗骑士》《黑键》黑色
三部曲的合作。

有句话说:
"恐怖的不是一个有天分的人,
而是一个人有了天分,还很努力!"
下一个 10 年,
不知道又会进化出怎样的乐行者呢?
如果时间回到 20 年前,

再遇到当初那个年轻而害羞的JJ,
是否他会知道,
有一场盛大而华丽的梦想,
正在未来的世界等着他。

这场梦,
为了他所重视的知音粉丝们?
为了他自己深爱音乐的心?

也或许只为了一个
从来没有人知道的原因与理由……

只因为,
每一个登峰造极的故事,
背后都有着一个……

"不为谁而做的梦"。

五月天 阿信

Preface III
序 言 III

记得在他们小时候，我看上一个多功能电子琴，很想买，但很多功能不会用。俊杰那时学习音乐创作需要它，他帮我实现了拥有它的愿望，哈哈！

哥哥婚礼上，俊杰为他唱了首《将故事写成我们》，当唱到歌词里的"一家人"，哥哥笑着对弟弟说"你是我弟"，哥俩好！你们都是我们长大了的孩子。小时候的俊杰性格和哥哥恰恰相反，内向不爱说话，直到中学哥哥带着他组织了乐队才慢慢地活跃起来,也许是音乐激活了他。后来参加了歌唱训练班,再到台北发展,性格内向的他在经历挣扎和煎熬之后,终于能在万人面前挥洒自如,跟歌迷一起快乐地分享音乐。

20年里,有多少个彻夜创作,尽情演出。
在成都站,身体不舒服,他依然坚持上台演出,这就是他!台下的我担心地望着他,总觉得每首歌都特别长。所幸,恢复得很快,在杭州站他又充满活力,享受着和热情高涨的粉丝融成一片。真希望他以后一直都能以最佳状态,呈现在演唱会上。

他在音乐的道路上非常幸运,有那么多的老师、好朋友以及团队的协助、歌迷的支持。一路走来,有开心,有悲伤,有快乐,有痛苦,都已过去了,之后希望有更健康的体魄创造出更多更好的音乐……在舞台上尽情地发挥……唱吧!

林爸爸

Contents

目录

→ **第一幕**
Act One
启程，十年

● 冒险的召唤 YOU
  - 3　婚礼歌手的日常
  - 15　牵女儿的手

● 师父 MENTOR
  - 25　未曾结束的对话
  - 34　收徒，我讲缘分
  - 38　创作既孤单又热闹

● 鲸鱼之腹 GO
  - 47　新地球之夜
  - 58　我和我的自画像

→ 第二幕
Act Two
启蒙，第二个十年

● 试炼之路，盟友与敌人　SEARCH
　　71　你要不要出来坐跑车？
　　82　列一份谁的歌单
　　92　从记得开始JJ20
　　103　给不具名嘉宾的LIVE对唱

● 奖赏　REWARD
　　111　老板没有零用钱
　　120　用兴趣认真交朋友
　　129　Gameboy & Love
　　135　两个人比一个人好

● 痛苦　PAIN
　　143　Still Moving Under Gunfire
　　152　Non-Hero
　　160　谁愿意拿孤独当娱乐
　　170　简简单单不简单
　　183　完美的刘海并不存在
　　194　学不会怎么唱

第三幕
Act Three
归返，未来，下一个十年

- **两个世界的主人**　RETURN
  - 209　Castle In The Air
  - 221　就当作给我的一份礼物吧
  - 230　AI & M.E.

- **自在**　FREE
  - 237　苦得说不出话的奇迹
  - 246　没工作的好日子
  - 256　我用 20 年，重拾快乐
  - 266　非关安可

Next

Road to JJ20 →

Act One

第一幕

启程，十年

冒险的召唤

Y o u

Call to Adventure: You

A Day In The Life of a Wedding Singer
婚礼歌手的日常

洋溢着幸福笑容的哥哥，搂着嫂子在土地公庙外办婚宴，他对着台下宾客开心地大声唱歌，这是哥哥的专属舞台。回想起来，这样的情景已经是好久以前的事情，那是在我当歌手以前，而台下的我跟爸爸坐在一起听歌，更是难得。

爸爸曾说，他觉得小时候的我，沉默寡言，不知道怎么表达，很令人担心。这是事实。我承认小时候的我很害羞。即使我天生的好奇心跟外星人降生无异，我对这新地球有无穷无尽的念头跟想法，但闷在厚厚壳里的我，就像还没孵出来的蛋，生机无限却一点声音也没有。谁能帮我把这颗蛋给孵出来呢？

"The Gents!" 是我高中时加入的人生中第一个乐团，耳中还能听见微弱的蛋壳破裂声。他说，来一起唱歌吧！前奏唤醒属于我前歌手岁月的日子。我永远都记得哥哥组团时，台上的他向我伸出手，找我去唱歌的快乐时光。当我第一次拿起麦克风，就像武士拿起了剑，片刻间身体里充盈了力量，我像是开启了绝对领域，站

← 儿时的我。
↓ 与哥哥的合影。

儿时正在弹钢琴的我。→
长大后的我与爸爸。↓

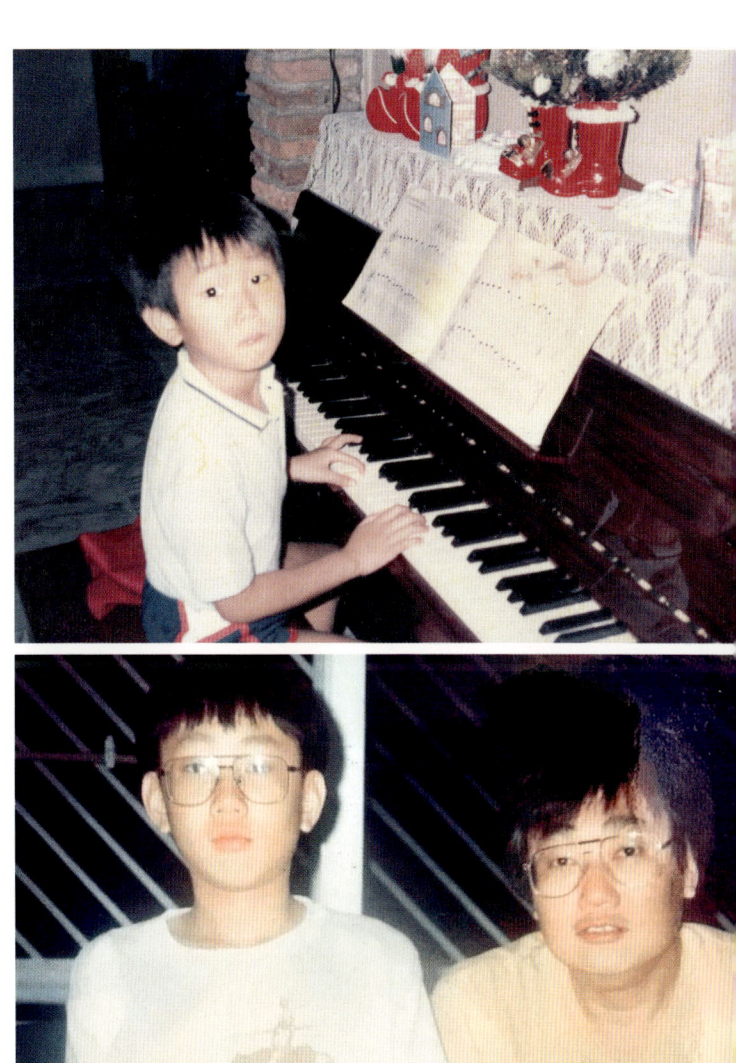

在舞台上声音透过呼吸从胸腔里面蹿出唱着歌,一切顺理成章。我不需要再说话,旋律跟歌词,能准确传达出我小宇宙里的所有想象。

　　1998 年,还在念高中的我跟哥哥一起报名参加海蝶唱片在新加坡举办的非常歌手训练班,听说报名的人就有好几千,培训期是 3 个月,每周两天。多年后许环良老师说我在班上很活泼、调皮、人缘好,甚至用阳光少年来形容我。但我自己明白,在这竞争激烈且每个人都才华横溢的班级里,我是自卑与不自信的。我的声音没有班上同学阿杜那样具有辨识性,唱歌技巧也还在学习,唯一的武器是自弹自唱写歌,我压抑了太多的感受

↓ 海选过关,我在家开心唱卡拉 OK。

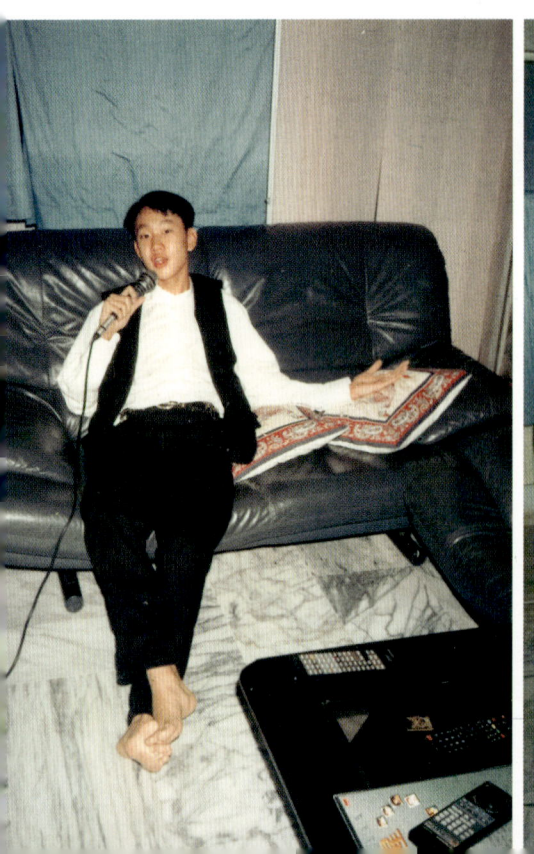

跟故事想说。我还能弹钢琴,但玩音乐的人会弹琴几乎算是标配,我一点都无法感觉到自己有什么特别。我跟同学玩闹,纯粹就是享受那段玩音乐的好日子,因为不知道3个月之后会怎么样,我只想尽量把握住我能够好好学习和创作音乐的难得机会。每天结束后心里想着,也许这就是最后一天了,但我知道我没有辜负那些日子,因为我总是全力以赴。没想到,3个月后,我竟然幸运地成为最后留下来的8个人之一,可以继续培训。我还在舞台上,手上的麦克风像是接力赛里拿到了最后一棒,我拼命到达了终点,发现终点裁判吹哨后竟然还有下一场比赛。从那一刻开始,我才算是真正有了念想——梦想长出了翅膀,我可以考虑走一条跟别人不一样的路。

虽然,我不擅长说话,但我还可以靠音乐表达自己。

培训一年后,我高中毕业,是先去服役等退伍后继续我的音乐梦想?还是去念大学?哥哥已经是个大学生,他放下吉他,走上了多数人选择的路,而我不想离开我的钢琴跟音乐创作,但这是一个无法确定的未来。收到征兵单前,我挣扎地跟爸爸妈妈坐下来谈了一次。世界上也有些事情,没办法只用音乐来表达。当时我还不是《乐行者》,我还没有唱出《就是我》《会读书》《翅膀》《冻结》《压力》,我只有很多很多埋在心底的《不懂》，对，任他们说他们看我都不管，我只要宣布爱你的人就是我，对，没有错，我的想法就是简简单单，我想做音乐创作，就是我，爱上了音乐，我不需要再啰唆，如果可以，我想把这些横亘在心里的渴求都化成曲，大声唱出来，但时间还没到。我所拥有的还只是在黑白琴键上难以捕捉的纷飞音符，往后我没想象到的苦日子里，我从几百首歌的刻意练习中才能找出准确的语言来表达我的决心，我的未来还没到。即使用那些还没填上词的曲，用最简单的话语，哪怕词不达意，他们听我结结巴巴地说完未来的未来之后，没有说一句话阻止我的妄想。

　　他们只听明白一件事，我想唱歌。

　　爱唱歌的妈妈最懂我，但她从来没有把唱歌当作职业的念头。她说，对于我的选择，她无法给我什么建议，但她能读懂我站在舞台上时的笑容，会支持我去做让自己开心的事情。爸爸跟我一样，沉默寡言，这方面我像他。他也明白我平日的苦，那种跟朋友相处，跟团体相处时，总是词不达意的孤单。他能理解我站在舞台上时，渴望透过音乐与他人沟通的快乐。是吧？他真的懂。我拿手的是孤独娱乐，跟谁讲呢？不言退，不流泪，不狼狈，不认命迎合，还要20余年，我才能在歌里重新理解自己，但爸爸啊爸爸，20年前

Road to JJ20

↑ 家里爸妈买给我们练习的立式钢琴。

↑ 与哥哥的乐团
The Gents。

他就看破了我的缓慢苦涩，明白我这几年半好半恶，半张脸求活着的坎坷。他明白，我需要唱歌。除了他，我还得让这地球上的人懂：如果不唱，我的世界不知会有多寂寞。

现在回想起来，在传统的华人观念里，爸爸妈妈对我的支持有多难得。他们是我的知音，作为我的首席听众，他们给我掌声与鼓励，这份无条件的支持，是一份多么难得的礼物！

Road to JJ20

↑ 与歌唱比赛的总决赛参赛者们。

许环良老师,则是我另外一位知音。入伍当兵在文工团服役期间,我每周都写两首歌交功课,没有一周间断。他总是用心指导,惨的是我每周都被退稿,我就这样在军营的各个角落里,在站哨、出操的间隙,来来回回写了两年,录下的曲,写下的音符,都是一颗颗响亮击发的空包弹,硝烟退却后靶纸上干干净净的,什么痕迹也没有。老师说,那两年他以为我会坚持不下去。但他不明白的是,这是我选择的战斗啊!我上了这战场,就没给自己留余地，冲锋陷阵的我，不论是清醒时，还是沉睡时，或许就像在大战时被困在小岛战壕中的士兵，我想活下去，即使炮火猛烈，无路可出。我眼睁睁地看着当初一起奋战的同袍坚持不了，从前线退出，但我却从来没有产生放弃的念头。为什么？因为不管多寂静的夜里，还是能听得见那缠绕于心，始终不间断的旋律。我知道我有想念的人，爱的事物，对这苍凉无常的世界想说的话，而我唯一的武器就是音乐。我们都忘了，这条路走了多久，心中是清楚的，有一天有一天都会停的，虽然我也害怕在天黑了以后，我们都不知道会不会有以后，谁还记得，是谁先说永远地爱我，以前的一句话，是我们以后的伤口，过了太久，没人记得当初那些温柔，我和你手牵手，说要一起走到最后。是长达两秒的沉默。我永远《记得》，当我从许环良老师那短暂得像是一连串没有标点符号的歌词一口气唱到曲终的沉默，我的心跳漏了一拍两秒。他说，那是我这两年来写得最好的一首歌。他说，林俊杰准备好了。

林俊杰你准备好了，是吗？

从那之后，我好像懂了，懂了我自己的创作不再是个意外，我终于能够捕捉那看似飘忽不定的灵感，能够表达爱与哀伤，我能从梦境中安然降落于现实，我的音乐开始有人懂。我接连写了三十多首被许老师肯定的歌曲，像被收录在专辑《编号89757》里的《木乃伊》《简简单单》这些歌,实际上都是在我发第一张专辑前就已经完成的作品。当我第一次在台下听着阿妹(张惠妹)唱着"谁还记得",我记得,我永远记得这份温柔,是那些愿意一直倾听沉默无语的我唱歌创作的温柔,我才能走到这里,一个还在继续往后延伸最后的最后。

天长地久,并肩走,你深情凝望着我说,幸福是你有了我。

哥哥对我这样唱着。今天的我,可以是婚礼歌手。或许我内在还是当年那个害羞的男孩,但只要我拿起麦克风,跟上了他,在舞台上,站好了位置,我不怕告白。我说,这剧本开始是一个人,我认真写成了我们,一起走过俗世红尘,谁还怕冷?某天离开这一座土地庙,去哪我都跟。哥,你微笑对我说,是的,你是我的人,我的弟弟。爸爸在身旁也低声和着,这一生,原本都是一人,你坚持,厮守成我们。

一场婚礼,成了哥哥、爸爸和我三个男人的告白。眼神流动,说愿意,在歌声中,我们走进了彼此的人生。

进了门,开了灯,唱起歌来,一家人。

今天我当婚礼歌手。

盼来生,依然是,一家人。

↑ 小时候在奶奶家里和爸爸妈妈哥哥烤肉。

Road to JJ20

Holding My Daughter's Hand
牵女儿的手

我有多久没搭捷运呢？

我刚从伦敦回来，在时差中，感冒中，排练中，准备着今天晚上要面对圈内朋友的一场专属演唱会。小小的，少少的，却是一点都马虎不得。这场没有对外公开

↑《自画像》MV 花絮。

的音乐派对,是面对离我最近,一群始终相信着并聆听我音乐的朋友,有很多是在这 20 年来一直都很亲近的人,因为世界的变化而不得不保持距离。他们退到了世界的另外一头,但我相信,音乐不会让我们彼此失去联络。这场音乐会,小小的,少少的,但却是巨大而洪亮的。我想透过熟悉而热情的呼唤,让我来告诉朋友们,沉淀了好久的心情,从梦中苏醒,林俊杰还在,说的故事还没结束。

20 年了,并没有多久。
Happily, Painfully After.

Road to JJ20

匆匆滴答滴，滴答滴，感情理智被调和，慢慢具体了，成形了，你的名字鲜艳了，回忆淡了，感觉才深刻，你是我的原色。

我唱着《自画像》，在这过去没唱过的场地里，看着之前设想讨论过的视觉演唱概念，随着歌曲被具体地呈现。朋友的，工作人员的，他们的自画像用新的方式跟着我在 AI 绘图中的模样一起互动，像拼图一样，很好玩，希望每个来演唱会的人都喜欢他们专属的自画像。一起工作的伙伴说，一点点细节我都不放过，我是演唱会的大魔王！是的，只要是演出，我都不会轻易放过，就算是一场小小的，只有百人观众，只有一场，我也希望这是完美的一场。每一个 Pitch（音高）都应该在对的位置上，看到的，听到的，感受到的，都应该是百分之百完美的相遇，而不是遗憾的错过。因为我明白，也许我们就这一次机会相遇，面对面。如果可以，我会把此刻百分之百的林俊杰，都毫无保留地在魔幻时刻里交给你。

但还不够完美。

这是个新场地。在第一次演出前的排练中，我感觉到身体的虚弱。是时差？是感冒？还是一点点的不安？总觉得还不够完美。是声音？还是胃食反流的老毛病？我们这次又试了一些新想法，是太大胆了吗？不会做不到吧？大家都在想办法解决。多年的工作伙伴敏锐地察觉到我的不安，或许可以出去透透气。他们临时提出，不如等中场彩排结束，我们就出去搭捷运，走出台北艺术表演中心，外面就是剑潭捷运站，时间算得准的话，我们能搭上这次为了新专辑宣传而特别策划的列车。伙伴的语气里面听得出忐忑不安，他们知道我已经有好多年没搭捷运了。在没有计划的状态下，匆促成行，我并不是怕骚动，也不怕近距离面对人群，只是怕给别人带来麻烦。我的一时兴起，会有安全问题，以及其他各式各样的问题需要考量，更怕影响晚上的演出。

传说剑潭是明朝的郑成功为了震慑鱼精投下的随身配备的宝剑。

我也有我的宝剑，我的麦克风。

我只迟疑了一下，就说我们走吧，去搭捷运。去震慑一下我心底小池塘里的"鱼精"，让它乖乖的，晚上唱歌时，别出来"闹事"。

为了歌迷想硬撑的经历，这并不是第一次。记得多年前，原定在武汉的一场演出活动，那天狂风暴雨，机场传来消息说飞机可能会停飞，如果坐车需要坐 11 个小时才能到。为了准时演出，什么念头都有，当时我脊椎不适，不能久坐。经纪人怕我受不了，跟主办方坚持要求按照合约搭飞机去。如果停飞，那就取消活动。那天演出，我得吃止痛药才能坚持到安可曲，出发前医生警告我，若不注意身体，恐怕会变成永久性的损伤。我明白经纪人的坚持，是为了保护我，但我怎么能够不去呢？那些给歌迷的承诺呢？我知道即使雨下得再大，风再强，歌迷们都会做好准备来到现场，歌迷们是在他们真实的人生时间里，抽出了珍贵的 2 小时和我相约，我怎么能让他们失望？我其实没想太久，先坐上车去吧，痛之所以能够忍受，是因为我能有跟歌迷们相遇的快乐。

孤独娱乐，想着待会儿要对朋友说的话，又有一番新的体会。

从出门到捷运站，短短的两三分钟路程，刚刚唱的歌与旋律又像倒带般快速地在脑中唱了一遍。

我虽然看起来总是跟一群人在一起，跑演唱会、练团、唱歌，但独处的时间还是比一般人想象的要久。即使大家都离开了，我一个人也还在排练着，准备着下一场演出。

> 天闷了，云混了，半冷半热
> 风黏了，雨苦了，半累半渴
> 我听见了，痛问快乐，为什么你无视坎坷
> ——《Happily, Painfully After》

这 3 年，好和不好的在同时进行着，教会我一切，我们都会被带着走。这时，我提醒自己，再多么夸大、浮夸的事情，情绪波动再大，再多么开心、多么难过到想放弃，

好像始终不影响这个世界的运转。需要找到自己的平衡点，Road to JJ20，这条路继续走着，该用什么样的心态去面对，我告诉自己要找回纯粹，找回快乐。这个过程要忘掉的杂念，快乐的定义一直在改变，我仍在摸索，仍在寻找，仍在感受，我还没有答案。

对吧？
如果我就是个平凡人呢？

站在久违的捷运车站里，跟大家一起等待 JJ 列车。上班的、上学的、旅行的，还有刚从排练场走出来的我，在时间轴上的此刻，我们交会了，等待同一班开往下一站的列车。就像我那一场场的演唱会，在那短短的时间里同步了，借由歌声与音乐，还有我想述说的关于这些日子的故事风景，一站又一站。

车来了。上了车，脑中一瞬间又想起了接下来要表演的那一段组曲。

《新地球＋子弹列车＋ Wonderland ＋ While I Can》。

是的，还能再调整一点，我待会儿可以把节奏再调快一点。如果换顺序呢？哈哈，他们应该想"杀"了我吧。

一瞬间，在列车上瞥见了一个背影跟我自己年纪相仿的男子，错身而过，男子牵着一个 10 岁左右女孩的手。女孩对我笑，我也跟她打了招呼。就像前一阵子在手机上刷屏的日本地铁广告"父と娘の風景"(《爸爸与女儿》),小田切让扮演父亲,山崎天扮演女儿,全程无CG特效的真人演出,描绘父女一起通勤12年的景象。朋友传来时,我看了几遍,尤其是幕后制作花絮,我想了解它是怎么做到的,我不能否认被新科技的手法吸引,我无法克制我的好奇心,或许下次演唱会或MV,我也可以来试试。

但此刻在捷运上,短暂跃上我心头的想法却是,如果我就是个平凡人呢?

我不是那个12年没搭捷运的流行音乐歌手。

不是现在的林俊杰。

我是那个12年来都搭着捷运,牵着自己女儿的手,上下班,为着生活跟家庭的未来而打拼的父亲呢?

真实的人生,我们都为自己做的选择负责,只为这一个宇宙中的自己负责。对于无限个多元或平行宇宙的自己,我无权干涉。

我只能是此时此刻的林俊杰。

分岔路口,贪与渴求,但终会沦为尘埃漂流。

上个10年,我会说,我还没做好准备,而接下来呢?

拍照,打卡,小小的骚动。

我在捷运里坐了下来,看着窗外飞驰而过的风景。

好久没搭捷运了。

想象着另外一个牵着女儿的手的自己,感觉挺好的。

时差、感冒、排练,我的愿与愁,我的元宇宙,有无限的可能。此刻我想的是,如果我有女儿,在那个未来里,我会对着她唱哪一首歌呢?

答案不会在过去。下一站,下车时才能看见新风景。

Happily, Painfully After.

接下来的10年,20年,我充满期待。

> 时间在倒数你在左右,多想踩碎沙漏
> 但能同时在同个宇宙,就不求滞留
> ——《愿与愁》

↑《自画像》MV 花絮。

师 父

Mentor

Mentor: Needs

Unfinished Conversations
未曾结束的对话

一封给林秋离老师的信

林秋离老师：

您总是那位彻底把我看透的人。当我还是个懵懵懂懂，爱看电影、打电动的宅男时，是您让我相信，我可以把我的真实生活变成创作的灵感。也因为这样，我们才会有那么多一起完成的天马行空的作品，像《江南》《第二天堂》《西界》《Always Online》《曹操》《精灵》等。

您也是那位，在我最脆弱、无助的时候，透过文字拉我一把的人。是您，提醒着我，音乐"不为谁而作"，而更应该先回馈自己的心灵，抚慰自己的内心。是您，告诉我，音乐的能量可以《穿越》时空！

每个创作人的内心世界里，都住着一个渴望被理解、被接纳的孩子，期待遇见跟自己拥有相同频率的人。我们在这个世界一起留下了许多美丽的音乐画作，我向往着某一天我们会再相见。

到时候，换我到您的世界里面玩耍，继续写歌！

我音乐世界里的英雄，林秋离老师，我会想您的！

林俊杰

我和我自己，还有秋离老师的未曾结束的对话

什么时候跟秋离老师开始对话的呢？

印象中，您说得多，我回得少。我进海蝶时，您是大前辈，是董事长，我是幸运的，当时我不太会表达自己，是您相信我能够透过音乐把自己说不清的心思给表达出来，您总是比我更懂年少时那个害羞内向的JJ。

从《星空下的吻》，您便开始参与我的词曲创作，那一瞬间，您的文字出现在我的音乐世界里，仿佛开了窗，把我抽离蛮荒的世界。你要我看星空，你说星空是无穷，一闪一闪亮晶晶，每一闪都是千万音符跳动着心情，说我想不通，是心太重，不放松，连夜空的繁星却都懂。是吗？我半信半疑，原本我想象的是狼口带腥味偏爱思念那月圆的美，是一种残酷，但您看出了瞬间的片刻温柔，是您要我抬头看星空，遥远的距离，我眯着眼用力看，看了仍是懵懂。您伏案书写，留下的每一个字，每一句词，就像在歌里施了咒，让我明白从今以后在这条音乐路上，我不再是一个人走。

我的第一张专辑因为那年发生的一些事情而无法好好宣传，影响了销售成绩，但您并没有因此而对我失去信心。

您带我来上海宣传，花钱托了人情，却仍没有记者想要报道当时默默无名的我。我在那最糟的日子里，3个月内跑了26个城市，真的很辛苦，但我更害怕的是，这一切才刚开始就像要迈向终点，在这里结束。专辑签唱来到西安，在看见兵马俑后，我第一次感受到厚重的中国历史和文化的震撼。那天回到酒店写下了《江南》的曲，但该填什么样的词呢？当时的我，还不知道怎么把内在的感动与冲击用文字来述说，而第一版的词，怎么样都传达不了音乐所带来的感受。我们找上了您。老师一个晚上就把词给填上，而我念了好多遍，就是不懂，为什么是从西安到《江南》，从风尘仆仆到小桥流水，这到底是什么样的故事呢？风到这里就是黏，到底黏的是什么呢？我真不懂爱恨情仇煎熬了谁。《江南》的词，让我想了好久，圈圈圆圆圈圈，我反反复复唱诵着，生怕您为我写下的词因为我不懂而给唱坏了。

您说，音乐先行，你要聆听自己心底的旋律，词是从音乐里浮现出来的，你懂自己的音乐，就不会不懂跟着音乐走的歌词。您在听我写的曲时，早已在词曲的琢磨中对话了千百遍。您比我还能跟我自己的音乐说上话，而我怎能不懂呢？我得相信自己——故事跟随着想象开展。不管是西安或《江南》，讲的都是一份文化底蕴，都是世间亘古不变的情，那不正是当初我面对曾经埋没在黄土地里的面孔时的悸动？歌词与音乐唱和了起来，我好像想通了，不再感到犹豫。从那以后，我每次唱着《江南》，都像是开创了新世界，我就能够重新诠释新的故事，上海、北京、台北、纽约、巴黎……无穷无尽地延展开来，每次演唱《江南》，我都随着自己的心境感受到不同，唱歌时，我就能来到每一个听众心中的《江南》。

《江南》之后，我懂得唱歌了。故事随着我唱的对象与地域而变化着，每次都不一样，每次都是属于您跟我那一刻独特的《江南》，每一次都是我和您的再一次创作。我想，这是这首歌当时会瞬间风靡大街小巷的原因。老师的歌词，让这首歌曲既古老又新潮，替听者开创了想象力，深入人心。

但一直到您离开，我才觉得我真的明白了《江南》描述的那份情感与牵绊是有多么的深重与不舍。你在身边就是缘，却没有想到这份缘终究有画下句点的一天，得知您离开时，那一刹那间冻结了时间。

是您先从我创作的音乐中听出了《一千年以后》的潜力。

我想象了《编号89757》的爱情故事，我谈到AI，许多人都不懂，觉得太科幻、太前卫，但您说AI就是爱，是您的歌词把冰冷的科幻转换成温暖的人文情感。《一千年以后》，您说写了29个版本，是走过了29个世界吧，而我唱了您最后为我展开的一个规模那么宏大的科幻故事，红色黄昏的沙漠，您跟我就像早已经走过。作为一个理应孤独寂寞的创作者，我知道即使在沙漠中远行，我只要跟着您的脚步前行，就不会孤单，也不会失去方向。您早就看到了我未来的未来，才有后来我们共同合作的《曹操》与《西界》，一起走过三国烽火连天，还有只有你我看见的黑暗面，我们活在的西边，半边白天，思念。

记得在筹备《和自己对话》这张专辑时，我面临了人生中的第二次低潮。之前创作《新地球》专辑时，我有了新使命，开始有新的音乐创作想法。但在创作过程中，我努力打开一些新的可能性，在音乐性上，对环境，对人生，对于这未知的宇宙，还有信念、信仰对科技的冲击。蓝色哀愁，荒凉沙漠，有意无意的逃，却没人懂，是我想开启的新地球有太多可能性，一时之间无法消化，因而感到抑郁。我越拼命想做好新专辑，搞定技术，就越感觉偏离轨道，不知道该怎么办。

我把这份忐忑不安、解决难题的心境转换成新曲之后，只想到您，因为只有您能够把来自我心底的音乐用咒语召唤而来，让我看清楚我的困惑。

当时，您因为生病而频繁进出医院，忐忑不安的我还是写了一封简信告知您我的状况。您用《不为谁而作的歌》的歌词回应了我的问题，让我明白自己过去实际上是把自己关了起来，但我的使命是需要更开放、更敏锐地接受世界的给予，它会给予更好的，也会给予更坏的，这一切都会成为我下一阶段成长的养分。看了歌词之后，我豁然开朗。

原谅我这一首 不为谁而作的歌
感觉上仿佛窗外的夜色
曾经有那一刻 回头竟然认不得

需要 从记忆再摸索 的人 和他们关心的
的地方 和那些走过的 请等一等

梦为努力浇了水 爱在背后往前推
当我抬起头才发觉 我是不是忘了谁
累到整夜不能睡 夜色哪里都是美
一定有个他 躲过 避过 闪过 瞒过
他是谁 他是谁 他是谁
也许在真实面对自己才不顾一切
去探究当初我害怕面对
——《不为谁而作的歌》

你留下深夜灯火 温暖了谁的痛
天再黑都有首歌能够接住我
你不为谁也为谁 早已写下结尾 当你走远才懂了
OH 他是谁
——《谢幕》

我会非常想念您，想念您的幽默，想念听您分享您作品中的许多巧思，想念能够在夜深人静时和您分享许多心中的灵感。

我会继续唱着歌，我知道只要继续唱着，我跟您的对话

Road to JJ20

就不曾结束，每一次对话，每一次歌唱，都是不同的故事。

这是林秋离老师教会我的事。

← 2015 年 12 月《不为谁而作的歌》MV 拍摄，与 40 人编制弦乐队。

Recruiting
Apprentices

收 徒，
我 讲 缘 分

      出道 20 年来，我经常被问到，是否能给新世代音乐创作者一些建议。

      我想我能给的建议就是，现在的音乐创作者应该要学会独立完成很多事。时代一直在进步，网络的发展、资讯的流通让资源的获取变得十分便利，大家只要上网,就有一堆免费的课程可以学习。人人都可以学的结果是,现在的竞争比起过去激烈太多了。新的创作者们如果想要在这个市场上竞争,除了技术面,各方面都得独立一点。

过去的音乐创作者通常都有音乐公司协助,音乐公司有资源、团队、专业人士,还有人脉可以支撑着你前进、继续做音乐。但现在即使新人音乐做得很厉害,也不一定有足够的人脉来支撑。人脉早已成为重要资源,新人需要找到肯赏识并帮助他走上音乐创作道路的人——一个伯乐。

新人当然可以选择把自己的作品放到短视频等平台去分享,让更多人听见。但这样的传播形式如今也越来越难,平台用户真的太多了,大数据演算方式也发生了改变,导致新人的作品更难被大众看见。此外,平台其实自己也签艺人,它势必会更专注推广自己的艺人和拥有版权的音乐作品,导致其他新人更难被发现。我想说的是,用户量大的影音平台,对新人而言确实是很好的资源,但要想和平台搭上关系,最终还是得依靠人脉。

我这样说,可能会让很多人想跑到公司来找我。我很乐意为音乐界提携后进,但坦白说,这并不是一件容易的事情,我会谨慎对待。

我不排斥收徒弟,但收徒这事很讲究缘分。

并不是我听到一个人唱得好,我对他有兴趣,我就想帮他出唱片这么简单。如果这个人恰巧会创作,当然会很加分,因为那就代表他可以为自己讲故事,并且是一个比较真实的、透明的故事。它可以是一个武器，也可以是一块跳板。但凭这几点我就决定要不要收他为徒，这又太天真了。

我觉得，重点应该是一个人的音色，以及他个人的状态及魅力。在这个时代，唱得好的人到处都是，但一个人要拥有被喜欢、让人注意到的魅力更重要。

在收徒这件事上，我相信缘分。

我想过要成立一个学校，在上课的过程中，找到一些不错的人，延续一些音乐传承。目前还只是计划，一方面是抽不出时间，另一方面是我也还没有找到一个合适的模式来进行这件事。我希望能找到一个比较特殊的教学模式，希望可以达到比较全面的、没有局限的教学效果。我不希望这所学校会被局限在某一个特定城市，我一直觉得有才华的人散布在世界的各个角落。

对自己要求要高一点，这是必要的，至少我是一路这样走过来的。

此外，我始终感谢所有领着我这一路走来的师父们——漫长路途上，长辈们的指导，这珍贵而难得的缘分，是我战战兢兢努力的原动力，我也不会放弃任何学习的机会。JJ20，是被这么多的爱所眷顾着，我心怀感激。

行走中的林俊杰

文/Sun高唱一无所有
图片/本刊资料室

因为自己的工作,他的假期已从两个月缩水为两个星期,因为他人的歌债,他连这两个星期也得找寻灵感而非专心享用。纽约好大,世界更大,纵然走在世人的羡慕里,可林俊杰的生活里,最后留下了什么呢?

成功的,除了工作也不剩什么了,像JJ吃版是为了保持体力,保服是为了跑得远点儿挺灵感,难得他是个疯子,很享受如此浪费。

JJ的通只还不止于此,以他现在这种流行程度,专辑被起码也是要保证一年一张,所以基本上这边上一张还在宣传,那边下一张已经在进行了。

好在JJ是随时收集灵感型,所以不会出现集中攻策、短期内就要创作高产的情状,而他的味道,正是来自那等数的收集,他不是那种大智慧和小手脚讨好的人,他的东西首有很有头长叶才开花结果。

作音乐,需要清净最起码安静,JJ罗密创作歌手一样,需要有一段基本上封闭的时间,但各种活动、演出越来

一生要去纽约一次吗?那一定就得有很多人要像陶子那样"走路"去吧?外面的世界很精彩,可外面的世界也很无奈,有太多的人无法像林俊杰,他说一生要去一次纽约,然后就去了。其他也想去意大利佛罗伦萨,没有去成的原因是中途几经转机麻烦和浪费时间。前者是碍于他生活能力有限,而后者则像一只不喝水的牛,它的头被一股强大的外力摁在水里,林俊杰的强大外力就是工作,集中尖锐的压强点则是那一大批拖欠许久的歌债。

越多,这闭关也不能绕了。这段时间,JJ的各种演出风起云涌,从央视到地方从慈善到拼盘到各情活动……罗列起来数目惊人!这种活动对于音乐人营养不大,但确是对大影响力的好机会。如果总是癔人的鸡助,但生活在这个商业时代,结果不言而喻。

JJ与以往一样,慢慢磨炼出做艺人的方式和准则,但时间和个人空间已小到可怜,连小单的激赏和孤单也趋于平淡,艺人就这么绷养春秋。

别徒以上种种,他没乎并没有理论分析的那么困扰,虽然生活中一些破事都随他有石头的欣赏、突如其来的洒脱、长年累积的无

很多问题,大家都心知肚明,但答案却像兔打墙,怎么都说不清楚,比如别人请你写歌,算是莫名的肯定,你等等接拍的萧亚轩、张惠妹、张韶涵、S.H E……哪个不是大咖家伙?可仔细琢磨高兴中难免有些微遗憾,或许埋头工作成狂时期,偶尔想起来还是被鞭策的动力,但难得的鞭半抽打,又如有座小山在背上,莫名其妙就不安起来。没有事业的男人不成功,而

来验,但最后都如鱼儿过水。是他的襟怀广大吗?形容腾脯的词汇大概有牵相比里能行动。小心烦,中庸之道几种几类,那JJ呢?先看看下面这件事情吧,在《NO.89757》之前,JJ是不是了300多首创作吗,那次说JJ的心碎了一地完全不夸张,每一首歌都是JJ这个爸爸任何一个妈妈都更深诚痛苦和幸福。虽然情上如此之夸张,可你相信吗?这个爸爸却还是会让自己的孩子第二次走丢!真的,这个人JJ。

他前些时候刚回新加坡没有工作人员随行,过海关的时候,背着自己的乌龟包就竟自回老家去了!把另外一个装子提电脑的包包扔在安检处,发现不见已经是隔天的事情,当下急找了台湾省的海关公司;新专辑歌曲全部存在电脑里啊,这里提前曝光还了得!好在海关保存妥善,但是要领回礼车要一张遗失清单,JJ填写时,又忘记写了一台昂贵的数码相机,要提醒就才想起来。

他的东西,从手机到登机证、护照……能丢的都丢过,要是有机会一直数丢点什么,说不定现在也小富了!上述东西有服务中心的作用吗?别以为它无关痛痒,其实它已经也

是JJ快乐知放的次要原因。没心动的年轻人,扯不上什么视怀广大。没心机能会大头到什么都那么轻松才能有那种快乐的"不负责任"。那主要的原因呢?阿铁莎莎问C第一次见JJ的场面:"我是不结果到种呼哥的被告在公司的一次聚集上面,当时他就像小海绵成蛋的一次见,不过他如乐歌业,连走路都有点缩跳舞!"那现在呢?"现在师夸的歌由风格不变化,人也越来越有男人味儿了。"

还活期跳跳、走跳都在练习歌舞呢,有一天生活体验就是不一样,真的是好Q好立体?让人不由想起漫画重人不露相无满认志的狼角色。

斗志来自自信,基础是自信,手段是努力。JJ手上的两面都不是,把音乐作好别无他术。JJ事业上没有无懈可击的自信,已有坚不可撞的事业王国,JJ还想什么呢?要像鹰、压力、无奈不是王国上空俄罗斯的灰色浮云罢了。努力是一种人生态度,像很偏执,其他事情可忽略不计。这一点是总让人想起像前爱情的。为了要取到路径《曾像在《大话西游》后被扎在了刻身柄上,但是的雯二个人精神与纯粹相爱,此刻有实在太稀疏可见,请歌迷带像讨论以。为了挽敝别人,唐僧连取经也可以不顾,JJ幸运,不会遇到72周前的妖魔鬼怪,也没有什么人需要他会身修炼,只是本宝里了他的东西一件件正在被剥夺,可他们不过就像是白骨精浮白的骷髅,女儿国多情的国王……不论影响状如何怨炫炫萋茗悲壮……曾会过去并不留残念。

因为他们的心里都只有一条路一往无前,唐僧的西方极乐,JJ的音乐舞台。

纵然走在世人的羡慕里
可他的生活里
最后留下了什么呢

纽约好大
世界更大

JJ心目中理想的房间状况,当然少不了音响设备和心爱的游戏机,无比的快乐与健康。

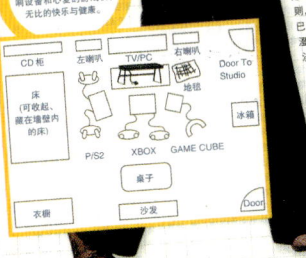

```
┌─────────────────────────────┐
│ CD柜  左喇叭   右喇叭         │
│        ┌───┐                │
│        │TV/│  Door To        │
│   床    │PC │   Studio        │
│ (可收起, └───┘                │
│  藏在墙壁内   地毯             │
│  的床)                 冰箱   │
│        P/S2  XBOX  GAME CUBE  │
│              桌子             │
│                               │
│   衣橱         沙发      Door │
└─────────────────────────────┘
```

乐坛小报告

Creativity Is Both A Lonely and Busy Road

创 作 既 孤 单 又 热 闹

我一直相信，创作是有生命的。每一首歌曲有她自己想说的故事。

因此，我在创作歌曲的时候，虽然会有歌词的想象，但在录制 Demo（小样）给作词人时，大部分会选择不把心中所想的歌词唱出来。我的 Demo 从创作《修

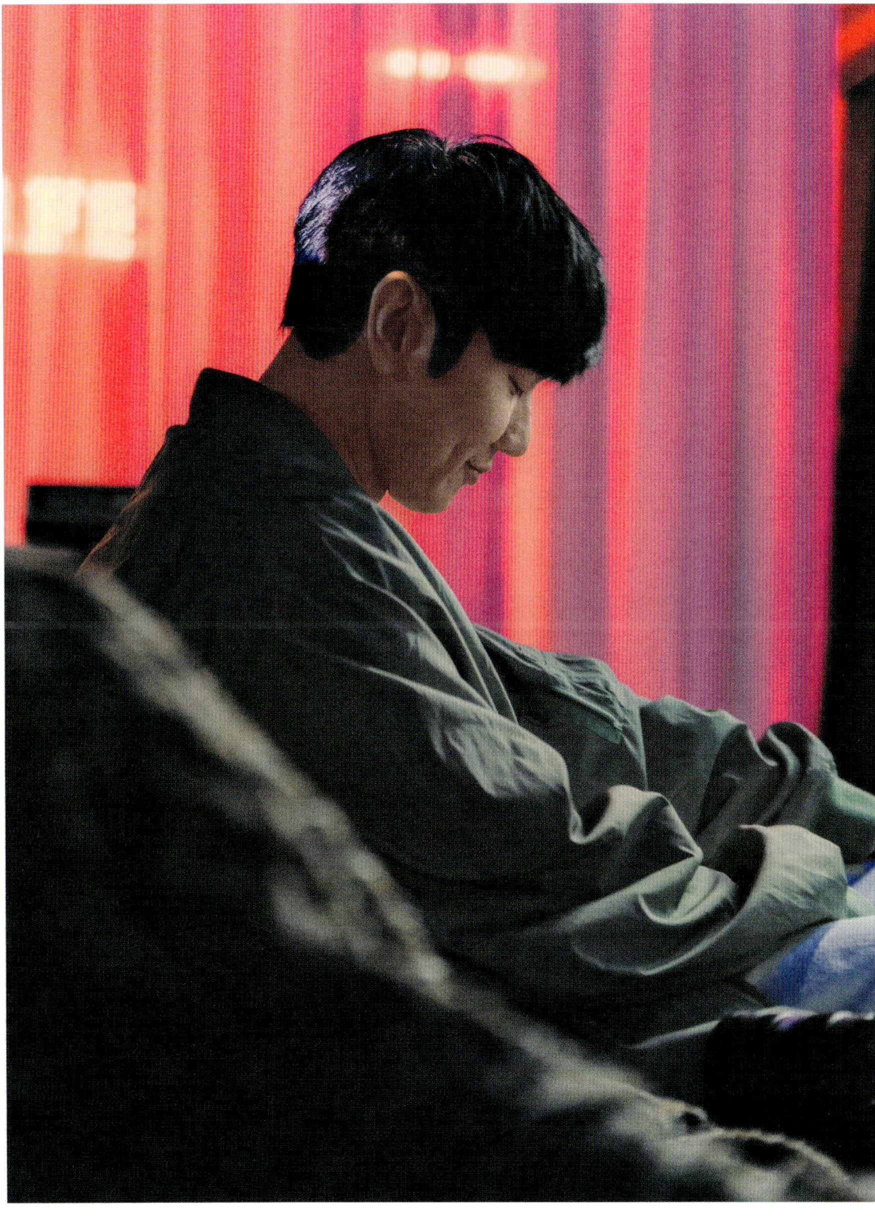

炼爱情》开始就是这样的，只有简单、纯粹的钢琴声与哼唱，着重在歌曲灵魂的召唤。我不希望我对歌词的想象限制作词人的创作，也不希望他们听到粗糙的半成品，因为我始终相信好的音乐自然能产生对话与共鸣。

记得 2022 年年底，疫情来到尾声。我在半夜两三点的时候给易家扬老师传了讯息，分享我的 Demo，问他是否有时间帮我写歌词。后来易家扬老师在闲谈中跟我分享，他是在一片漆黑的家中聆听这首曲子的。他说，这首歌让他想起了疫情下每个人的状态，每个人都被关在自己的小黑盒里，过着只有半张脸的日子。我这首歌要说的，正是大家被困在自己的世界里时所呈现的、疯癫状态下的自我感受，心堵了，人倒了，地球喊着，我拿孤独当娱乐。

《孤独娱乐》是一首音乐旋律结构宏大的歌，Bridge（指一段高亢变奏却不同于副歌的特别段落，一般用于衔接最后一段副歌）很长。易家扬老师说，我的 Bridge 有一种魔力，把他拖入另外一个特殊的世界。他的脑海随着音符浮现"苦行僧""初学者""谜语锁"这样的字眼，后来这些词语彼此排列组合，成为"苦行僧和初学者弄不懂的谜语锁"。几天后，易家扬老师带着歌词来到工作室，大家都在。我们播放这首曲子，一起看着歌词，仔细感受那个大家被无形的牢笼困住、找不到出路的时空。我知道世界蛮黑的，在面对这些困境的时候，大家都是第一次，都是初学者。大家一起经历这一切，就像是当代修行的苦行僧，但不管多苦，我们依旧负伤挺进，没有人想被打败，谁都不想认命迎合，配上了词的曲，要述说的使命也有了重量。

刚听完，我就看见工作室伙伴眼角的泪。那一瞬间，我知道，这歌词对了。我看着易家扬老师，说："真好，你来了，歌词就到了。"

夜半时分，我把《孤独娱乐》的试唱录好，传给易家扬老师。这首歌就这样敲定了。

像这样的创作默契，让孤单的夜，总是在创作思绪中喧闹着。心灵交汇之际，好像也就不孤单了，因为另外一个人听得懂，便写成了词。

另外一个神奇的默契也发生在最新的专辑里。我刚看完《捍卫战士2》(即《壮志凌云2：独行侠》)，心里有感触，写了首曲，传 Demo 给易家扬老师，什么也没说，只问了他，有没有看过《捍卫战士》。老师说，他到北京工作，闲来无事的时候喜欢看旧电影，随着《捍卫战士2》热映，刚好重温了《捍卫战士》。我们俩一拍即合。我说，想借由这首歌回想20年前的状态，一种泛白而炙热的友谊关系。老师说，这首歌让他想起《捍卫战士》里一群人在海滩上打沙滩排球的那一幕，光从海里挣脱，翻过沙滩探索，问我找什么，白色泛光中的我追寻着梦的线索，你跟我。他说，他能看见阳光洒在海滩上的样子。《逆光白》就是这么来的。

老师在《逆光白》正式发行前就把这首歌放给朋友听过了。朋友说这首歌好阳光，好有渲染力，可以看见一群老朋友的过去与现在。这是我和老师的创作默契，我们一起把一个画面，用音乐和文字渲染成一首歌。

我和怀秋则是另外一种模式。

怀秋是认识很久的朋友了。怀秋在大嘴巴组合时期就开始创作，但组合的歌词大多是比较轻松、顽皮的路线，跟我的路子不太相同。有一次，我临时把他约出来吃早午餐。我有心事，我没说，但他知道。我在为一首歌的歌词烦恼，已经写了好几版歌词，都不太满意。他说想听听看。听完后，他说他想试着写写看。我原本还想简单地告诉他这首歌曲想要表达的情感，但他却告诉我，他已经从 Demo 里听懂了。

我不太确定他是不是真的懂，但歌词需要在两天内完成。我告诉他，如果在两天内没有找到合适的歌词，我就会从原本的 8 个版本中挑一个比较喜欢的来用。两天后，我收到了怀秋的词。追寻真理或安于现状，选择墨菲斯哪颗药丸，红蓝的抉择何必挣扎，我色盲只能装傻。或许是，我们常一起看电影、听音乐、喝咖啡，我的烦恼他真的理解，我很喜欢，所以最终用了他的词。那首歌就是《四点四十四》。我对他作词的信任，是从这里开始的。

还有一次，怀秋来大陆看我的演唱会，我们在机场候机。我发了《最好是》的 Demo 给他，请他打开听听，这次我什么都没说。最终，怀秋交出来的歌词证明了我对他的信任。最好是昨天都忘了，最好是明天都不记得，平行时空重叠了，却没交集了，我还能做什么？歌词里写到有关平行时空的事，我从来没有告诉过他，那张专辑想要表达的就是平行世界。

  我有时会感受到自己像是活在平行世界里面，不被理解，感到寂寞，而创作是跨界的魔力，让我相信在另外一个世界的自己，是被理解的。或许正是因为这样，我渴望对话，所以我不会停止写歌。

↑ 与好朋友怀秋在"和自己对话"3D音乐展现场。

Road to JJ20

→ **怀秋说**

我自认不是一个以写歌词维生的作词人。对我来说，写歌词是一件困难的事。因为每写一首歌，我都感觉像是花了很多时间来亲手扒掉身上的皮。这过程对我而言，是痛苦的。除了JJ的邀约，我几乎拒绝了所有的歌词邀约。之所以如此，或许就是因为我们彼此在多年的相处中，已经有了足够的默契、理解和信任。

→ **毛毛说**

JJ尊重专业。印象很深的是，"圣所"世界巡回演唱会的最后一场是在线上举行的，当时JJ对动画内容有些意见，不是很满意最终呈现的效果。但JJ表达完自己的想法后，仍希望听听动画师的想法，他想知道专业人士为何会选择这么做？得到对方的回复后，JJ表示理解动画师的决定，放弃调整。有的艺人，或许就不会愿意听别人的想法，但JJ依旧愿意聆听不同的声音，并试图去理解。

鲸 鱼 之 腹

Inside The Belly of a Whale: Go

Night of the "Brave New World"
新 地 球 之 夜

"要开始了,你要不要和我一起?"

2014 年,我凭借《因你而在》获得第 25 届金曲奖最佳国语男歌手奖后,在一个如往常祝祷的夜里,得到了来自"他"的回应。这是直觉,就像是音乐常常让我

Road to JJ20

← 2014 年金曲奖以第十张创作专辑《因你而在》获得最佳国语男歌手。

感觉自己能跟宇宙对话一样，音符就像宇宙脉冲一样，我尝试解读出讯息——"要开始了"。我迫不及待地来到钢琴前，录下《新地球》的前奏，然后发给团队里的伙伴们，告诉他们，我准备好了，我想尝试一些新的东西，准备好启动专辑《新地球》的企划。

专辑《因你而在》成果丰硕，专辑《新地球》则一开始就陷入了困境，但我可没有 NASA 可以求援。我跟团队面对犹如登月计划一样的企图心，不免感到迷惘，尤其当我们意识到有这么多人爱着你，期待着你的下一步时，我们不该对这个热情的"市场"有所回应吗？现在回想起当时，会觉得这一道高墙可以轻松跨过去，现在的我拥有武器跟翅膀。但坦白说，要同时兼顾市场取向与音乐创意并不是一件容易的事情。我在起点上犹豫，会不会走得太超前，飞得太远，歌迷能够理解吗？我跟经纪人谈到这困惑，她看出我的焦虑，只问我"预付拿了吗"。预付拿了，对公司就有交代了，剩下的就是创作的事情，后面的数字跟我没关系，要面对市场，要赚钱，那让团队去操心。至于我，应该专心创作，好好通过音乐来表达自己，这才是正确使力的方向。

拨开明月见青天，"新地球"到底该怎么去，才是我需要担心的事情。

我很感谢团队对我的支持。我觉得身为一个音乐创作者，有能够理解，并且厘清团队方向的人在旁，就是最好的助力。新专辑的名字叫作《新地球》，就是打算要颠覆某些想法，势必要打破某些原本设定的保守界线，而谁能够作为一起往前飞驰的保护伞？谁又能保证让情况不至于失控？天时，地利，还有人和。

专辑的概念来自科幻小说《漫游者》(*The Wanderers*)，小说里讲述了，世界上存在着一群有着自己独特暗号的人，他们不一定在生活里熟知彼此，但"if you know, you know"，他们只要见到对方，就能知道对方是自己人。那时的我觉得世界变得越来越片面，科技的崛起、网络的发展改变了人类对于美好的定义，我想探讨一些"纯粹"的事，让世界回归到原点，用"获得"与"失去"之间的体悟来打造一个科幻寓言故事。

新地球，他们这么叫，脸上没有笑，说着一口陌生腔调，变了味道，人们为三餐奔跑，一切的爱恨都在自寻烦恼，被遗忘的小岛。

我专门为这张专辑设计了一个人将手放在胸口的logo。设计专辑logo的初衷也是希望大家能让《新地球》的logo成为一个暗号，让大家在这茫茫的地球上找到与自己志同道合的人。我一直都希望能在世界上找到很多很多志同道合的人，一起并肩作战，一起把我们的梦想变成现实，让我们彼此知道，我们在这蓝色哀愁的地球上并不孤单。我在音乐上尝试做科幻寓言，那几年我喜欢玩很多电子的音色，MIDI技术也可以把音乐做得很好，很酷。随着年纪增长，又开始

↑ 《新地球》的专辑
　封面与专辑logo。

喜欢真实乐器的声音，真实乐器有特别的音乐质地，而且那种厚度、情感和圆润，是 MIDI 无法制造出来的。这种古典与电子的结合，反而带来听觉上的反差，有种怀旧的未来感。

浪漫血液，从一个眼神，一次谈心，到变懂得，变熟悉，从累积感动，累积回忆，到最甜蜜，我想唱出浪漫的定义。在这最陌生的沙漠里，人与人之间怎么样才有联系？是每个人身体里都有着浪漫血液吗？虽然是过往擅长的情歌，但前中后三段我在编曲上做了很大转折，又要有浪漫、随性的感觉。随着整首歌曲音乐编制越来越庞大复杂，要用声线去唱和是需要蛮多技巧的，要有浪漫的感受，就得放轻松，但实际上我唱的时候小心翼翼，一点也不轻松。

《黑键》是跟五月天组合的阿信合作。我们做了很多乐器 solo 的段落，爵士鼓、电子琴、电吉他，把 Band 的感觉给做出来，有 LIVE 的感受。

我们真的来到新地球，对我来说，是一场危险且有趣的音乐探险。

我深深期许着这张专辑能成为一张集科幻与人文关怀于一体的专辑。我甚至说服了唱片公司针对"你值得更幸福"这句话进行广告投放和宣传，我的梦想很大，但他们同意了。唱片公司的同仁给了我源源不绝的信任，冒险地陪我赌了一把。初期宣传上，没有放上我的脸，也没有"林俊杰"这三个字。这违反了原本设定的宣传原则，但我想试试。

《水仙》是写给我最亲爱的奶奶，那是她的名字。

我清楚记得，那是在 2013 年 7 月 13 日，我出道 10 周年的"时线 Timeline"巡回演唱会台北场的第一天。这 10 年，我实现了前一阶段的梦想，我想将这 10 年来的点点滴滴分享给陪我一路走来的人。我找来好朋友怀秋担任第一场的嘉宾，我们站在舞台上、聚光灯下卖力演出，台下不只有我的歌迷朋友们，爸爸妈妈也在台下，这对我来说意义非凡。10 周年，人生能有多少个 10 年？我是如此幸运，有这么多人陪我走了 10 年。

我不知道的是，当我还在台上演出时，我爸妈就收到了奶奶病危的消息。为了不影响我的演出状态和情绪，他们选择暂时隐瞒，台前台后都知道奶奶病危，只有我还被蒙在鼓里。当时我有一点愚钝，说好要看两场演唱会的爸爸在看完第一场之后就赶回新加坡了，我觉得奇怪但没发现端倪。演唱会里的一分一秒，我能察觉乐手之间音乐的微妙变化，但在真实的人际关系里，我总是不够敏锐。

我在庆功宴上庆祝，助理却已返回住所替我收拾行李。结束后回到车上我才知道奶奶在下午过世的消息。那一晚，我经历了大喜大悲，大起大落。

奶奶走了，我知道奶奶会叫我不要哭，她说，要我把该做的事做好。我回到家里，看见爸爸因为奶奶过世而难过。那是我第一次见到爸爸的脆弱，他承受不住打击，而我必须坚强，我想成为爸爸的依靠。

我做到了。我很快调整好状态，帮助家里处理后事，然后很快地再投入工作中。我不停地往前走,我相信只要我好好工作,照顾好家人,奶奶在天之灵就可以放心,一切都会慢慢好起来的。毕竟我在写第一张专辑《乐行者》时,就已经在《会有那么一天》这首歌里写过。

夕阳西下 鸟儿回家 阿嬷躺在病床上
呼吸有一点散漫 眼神却很温柔
看着爷爷 湿透的眼 握着他粗糙的手
阿嬷泪水开始流 轻声说道

我要离去 别再哭泣 不要伤心 请你相信我
要等待 我的爱 陪你永不离开
因为会有那么一天 我们牵着手在草原听
鸟儿歌唱的声音 听我说声 我爱你
——《会有那么一天》

我一直以为我是坚强的大人,已经懂得如何应对这件事,已经可以成为家里的依靠。可直到经纪人说,要不要写一首和奶奶有关的歌时,我才发现,我还没来得及好好消化奶奶离世的悲伤,我才惊觉我每天过着没有阳光的日子。

奶奶陪着我长大,影响了我很多。小时候,我好喜欢去她家。她说,过年围炉时要多吃吉祥菜"蒜菜",钱才会愈算愈多。我信了,也照做,所以才能有今天吧?她是我最忠实的歌迷，她说喜欢听我唱歌，在家里的墙上贴满了我的宣传海报和照片。她很疼我，她很坚强，即使是在被病痛折磨的日子里也从未流过泪。我其实一直都知道她病了。严格说起来，那一年应该是疫情前我回家次数最多的一年，勉强也算是做到了承欢膝下。那时候懵懵懂懂，不知道这些事对我来说意味着什么，直到奶奶走了，我才知道原来她对我如此重要，原来她给了我这么多力量。

生生离别 息息不罢休
你用时间告诉我
在迷路的时候
有你爱我 永夜也是永昼
——《生生》

我把这些感触都化作了《生生》这首歌，这是奶奶教我的最后一课，她教会我如何告别。奶奶过世是我的永夜，但奶奶教会我的事，会成为陪伴我一直向前的永昼。

2014年12月27日，专辑《新地球》正式发行，而我的裤子竟然在12月31日破了？我想起之前的梦，问我要不要一起的梦。我突然好像懂了，梦里所说的开始，是好运开始的意思吧？所有不好的事，都会在2014年结束。当午夜钟声响起，2015年来到，一切就都会变好的。

2015年1月1日，一切都该好起来的那天，我在西门

町的签唱会上被意外突袭。这不符合预期。我回到保姆车上，余悸尚存，看着窗外飞驰的风景，我却释怀了。原来，我想错了。这不就是我在《新地球》里面想探讨的吗？我们彼此之间，误解的、愤怒的，好的、坏的，都不可避免。唯一能够改变的只有自己，自己面对这个世界的态度，能接受的，或者不能接受的，我都该臣服，学习。

　　这应该才是奶奶想对我说的吧。好与坏相生相克，昼夜轮转，生生不息。

↑ 哥哥（左一）、表弟（右一）、我跟奶奶的合影。

I am brave and strong
I am every song
I am here to shine
I'm not afraid to fly

I am loveable
I am invincible
And I am tough enough
And I'm ready to catch
that falling sky
I am alive.

—— 《I Am Alive》

Me and
My Self-Portrait

我 和 我 的
自 画 像

你是夏天的颜色

染上秋天的萧瑟

寒冬覆盖了青涩

转眼 春去春来太多求不得

——《自画像》

→ 艺术家Henrik Aa. Uldalen为我量身打造的油画。

Road to JJ20

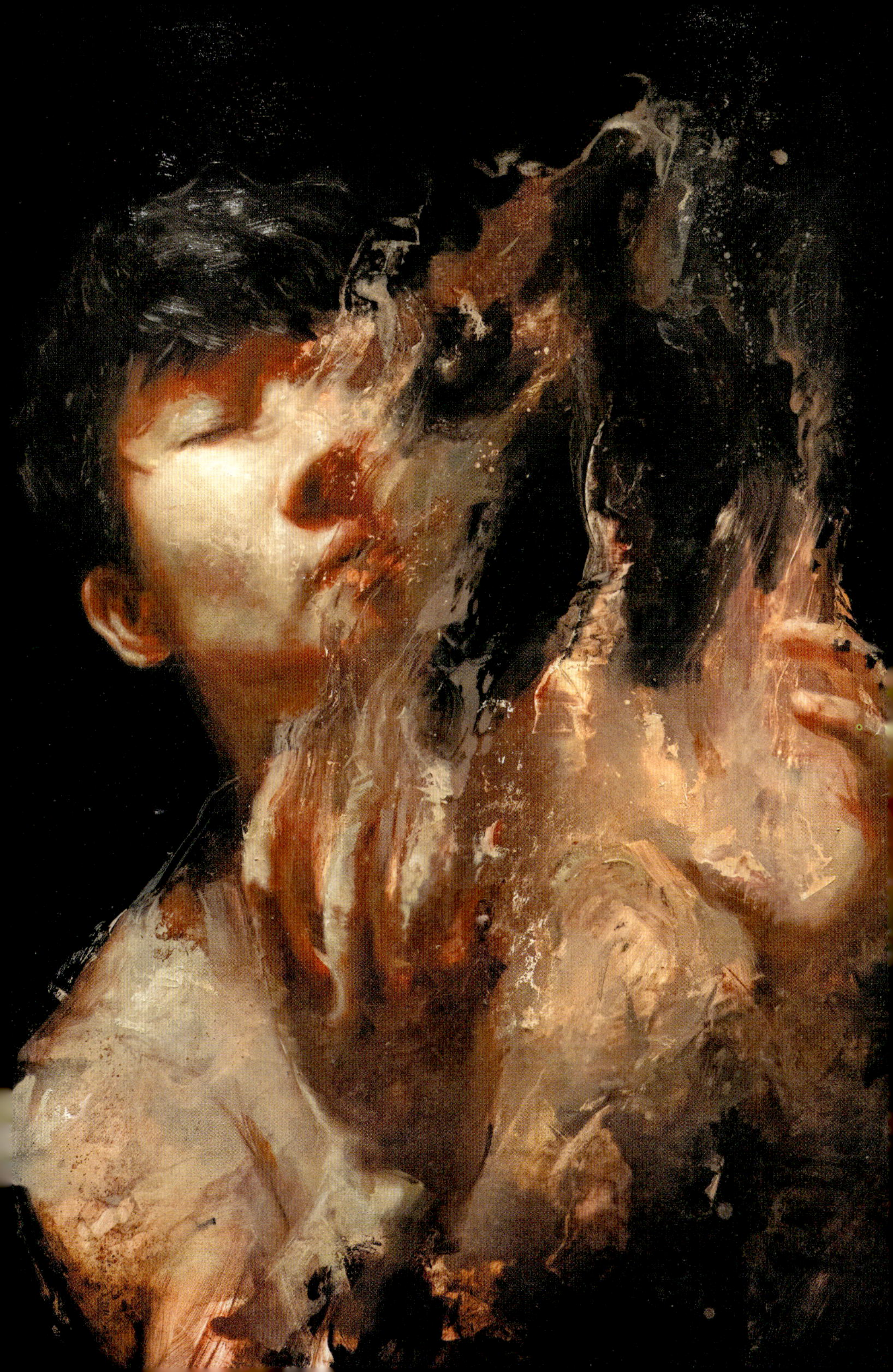

← 上图:路上巧遇林怡凤。中图:与林怡凤、许环良在《可惜没如果》专辑录音现场。下图:与团队在洛杉矶。

我好奇这 20 年来，我有什么不一样？如果找一个人，帮我画一张自画像呢？那这个人必须要从 20 年前就在我身旁，看着我，关心我，理解我。

所以我找了林怡凤，我们就像同期的同班同学。她跟我一样，都是林秋离老师的学生。当时她是企划，我们一起工作，一起等待专辑成绩放榜，一起跑签唱会，陪伴彼此度过了一段青涩的时光。毕业后，两人去了不一样的地方，或许不常联络，但总是会通过不同渠道看到或听到对方的消息，并会为对方开心或难过。

《自画像》歌词的第一句"你是夏天的颜色"，她说，这就是她见到我的第一印象，一个从阳光充沛的新加坡来的阳光男孩。副歌的最后一句则是"远看着你近完美了，你却不懂"。

我懂。

我以前是个不会把自己的担忧和恐惧外显的人，更不会和别人说。但只有你注意到我，在选歌的会议上，你发现我在涂涂画画，看了一眼我画的内容，你说，我的笔触是紧张的、压抑的。还有一次，你帮我整理资料夹时，无意中发现我拍的照片，你说，我拍的照片有点灰暗。你问我是不是最近压力很大。

我明白，你担心专辑《乐行者》的发行没有达到预期，我会受到打击。你知道，当时的我为了当歌手，几乎赌上了所有的未来，甚至为此放弃念大学。虽然我也只有云淡风轻地告诉你，遇上困难也没办法啊。但我听得懂，当时也只有你跟林秋离老师明白我的恐惧与担忧。我们都一样喜欢林秋离老师写的《害怕》，爱与生活的一切，你以为我知道怎么拆开，我们的想法与落差，也没谈到多少你需要的爱，我不再去执着我是谁，或是我在夜里掉的泪。你说得没错，老师是我的靠山和倾诉对象，当时我没说老师有强大气场，让人信赖，仿佛遇到什么问题只要和他说就能解决。虽然我们靠得如此近，可是我的脆弱跟不自信，总是让我沉默，你却会在关键时候，去买光泉牛奶来给我，是的，没错，就是上面有小包谷物片的牛奶。经过滴答滴滴答滴，时间淬炼了光泽，自成一幅画。在那幅最开始的画里，你是懂我寂寞的那个人。

我其实很简单，只要看到喜欢的东西就开心，是能够开心喝牛奶的人。
只有你看出了我的不自信。

《自画像》里，你说出了我的原色。我一直害怕自己不够好，而时间也考验着我，健康、声音都在耗损中增添了新的颜色。过去的回忆虽然淡了，但感觉比过往更深刻。我入行的时候是张白纸，不管遇到什么东西都想要去碰撞、吸收，沾满指纹的笔盒，留下深浅不一的底色，未来越是不规则，我越想把你的触动都留在音乐里，传达出去。可是与此同时，伤害和误解，成了生命成长中的一部分，我不再天真，是吗？流言蜚语，黑的灰的混浊的，晕开了你心中的河，浪漫与写实有了区隔，一眼看不尽你泪的折射。我这几年来一直努力突破自己，在音乐上走在前面，可是在感情上，是孤独的。

你说，我到现在还是个天真的人，但天真是双刃剑，会受伤。

你在自画像里面，要我放过自己，对自己好一点。

把你看着，一直看着，看着我成为那个想象中的人。

→ **林怡凤说**

我在《自画像》里总结了 20 年来对林俊杰的所有感受、祝福和肯定。我想告诉林俊杰，其实我看着他的时候，就感觉像是去博物馆看画像。很多艺术家的自画像，画的都是自己不完美的一部分，凡·高的自画像就是如此。林俊杰在演艺路上或许还是会有很多不自信的部分，可能也会怀疑自己，甚至他内心灰暗的部分也会跑出来阻挡他，但我始终相信他可以战胜一切。事实是，林俊杰确实没有被打败，因此，我想告诉他，不论现在的林俊杰是否觉得自己已经足够好，但在我眼中的林俊杰已经接近完美，很棒了。希望接下来他对自己好一点，放松地过自己的生活，祝福他找到真爱，更希望他接下来的每个阶段都走得很踏实，心态上也要稳定。

→ **毛毛说**

现在的林俊杰已经足够成熟，可以判断到底什么才是自己想要的。

我对林俊杰唯一的担忧是，他直到现在都还是一个天真的人。他的天真、单纯和冲动确实可以支撑他一直创造出好作品，可天真往往是双刃剑，我也会担心他因此受伤。幸运的是，林俊杰目前碰到的朋友和工作人员都很善良，因此我也希望林俊杰可以利用自己的天真和单纯，找到一个懂他、爱他、能帮助他、给他正能量的人陪在他的身边。我也希望他可以一直保持纯真、保持热情、保持专业，一直是我最初认识的那个会说出"无论何时，都拜托一定要和我说实话"的林俊杰。

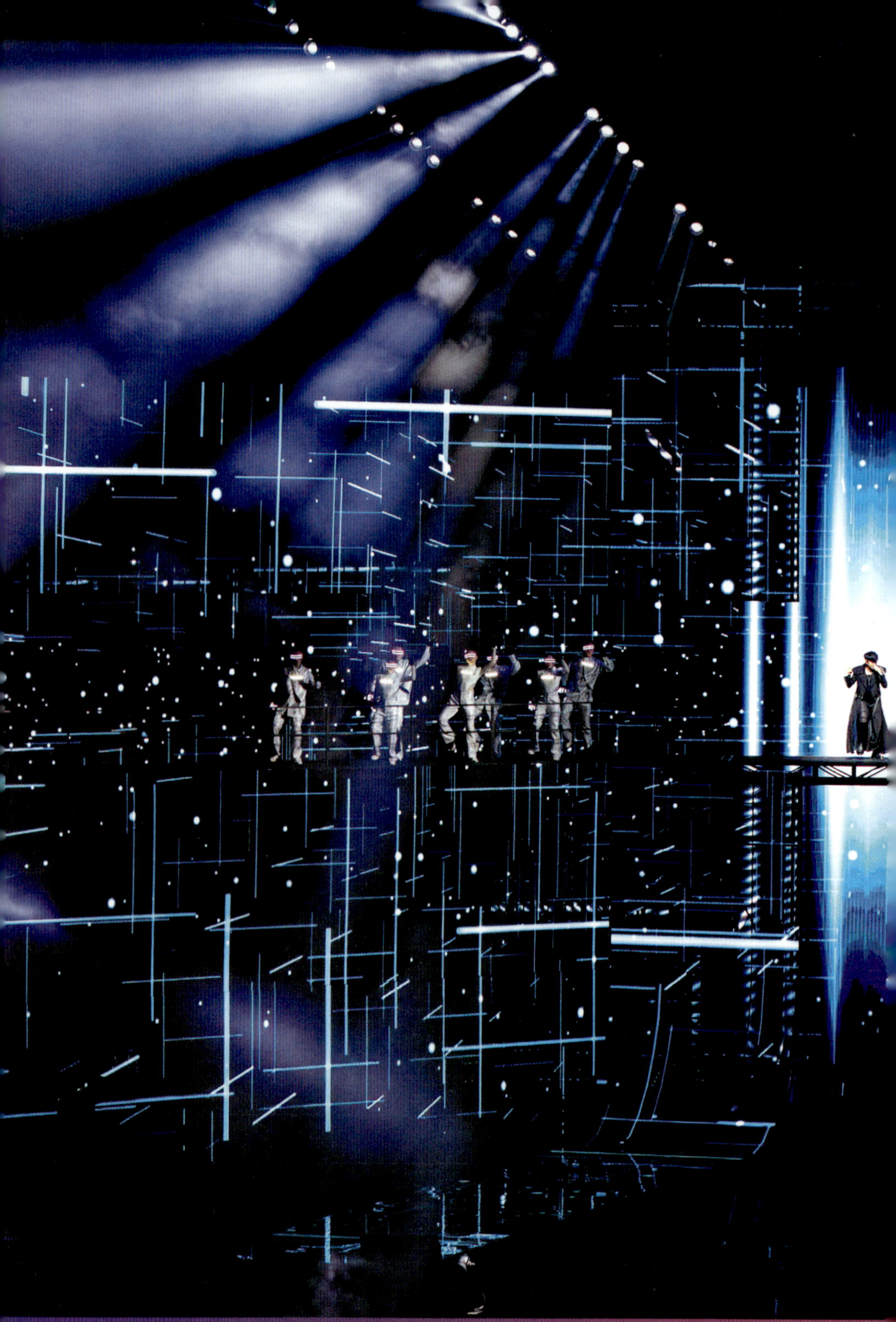

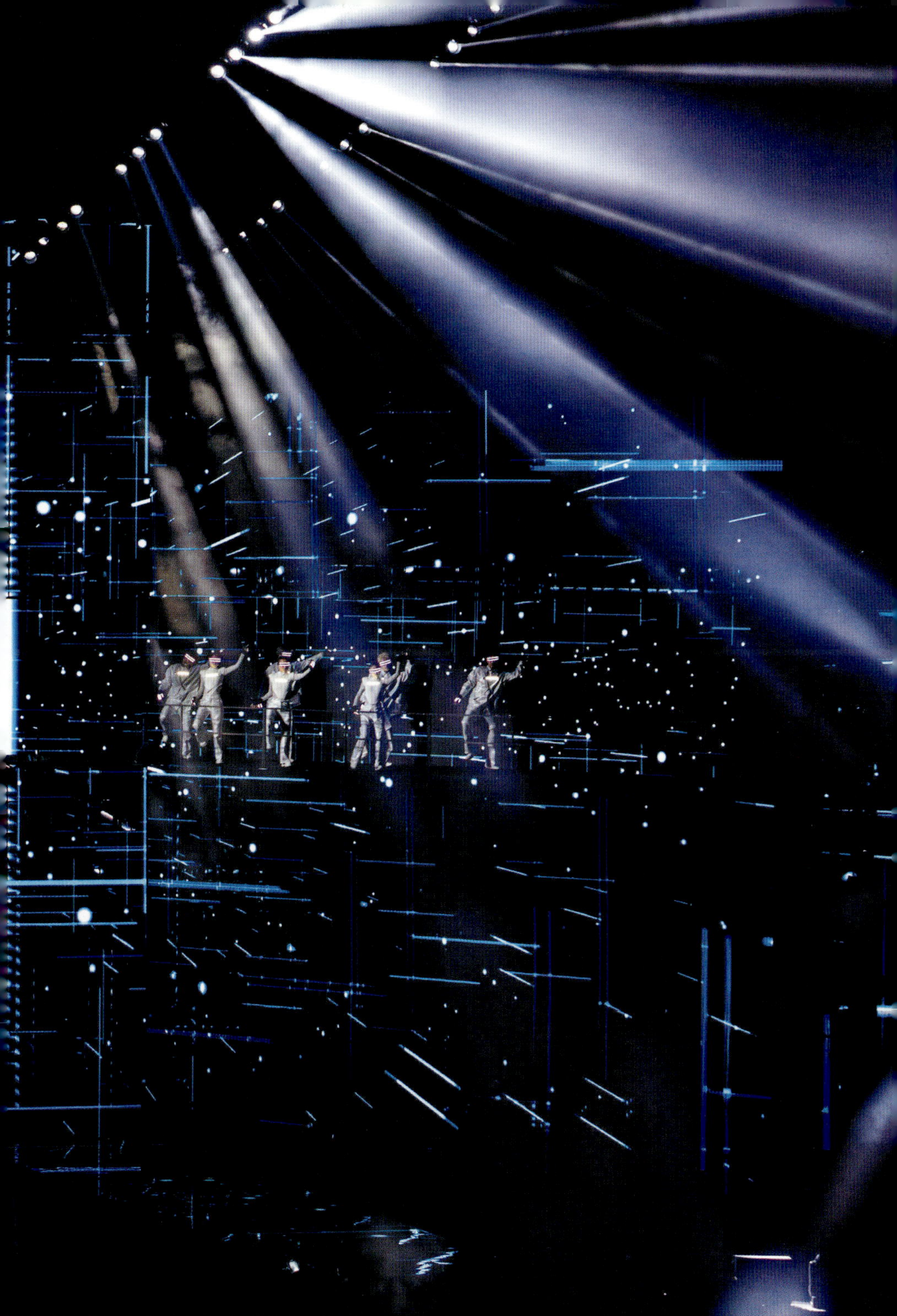

Road to JJ20 →

Act Two

第二幕

启蒙，第二个十年

试 炼 之 路

盟 友 与 敌 人

Search

Road of Trials, Friend or Foe: The Search

Do You Want to Go for a Drive?

你要不要出来坐跑车？

他晚上传短信给我，说看到我的车停在电影院外，还用手机传了张即时车照给我，这可不是第一次。我想，看完电影之后，应该约他出来喝咖啡，告白一下。

我内心挣扎了很久。看电影的时候，心不在焉，作为一个音乐人我通常会等处理完配乐字卡才离席，但那晚就是坐不住。心里盘算着，等一下该怎么做比较好？买鲜花配巧克力太俗气，我们也很少在线上谈心，旁敲侧击了解星座血型，一言一行，想起来就睡不着。我知道他是有家室的人，这么晚了，九点多还打电话去家里，肯定会给他造成困扰。但我的个性就是不说清楚不行，忍的时间够久了，都能写出一首曲。我边看电影边在心里沙盘推演，就像《教父》里演的一样，需要给他一个无法拒绝我的理由。想到这我还不禁有点得意，这就是多看电影的好处，碰到麻烦的事，总有可借鉴的妙招。我开车到他家楼下打他电话，是他接的，我问："你想不想坐跑车？"

就这样，他上了车，从此就是我的人了。

谁呢？

他就是我们 JFJ 工作室的音乐扛霸子，总经理黄冠龙先生。

每次讲到这段，都被说我这不是去招人，谁半夜会传短信邀人喝咖啡开跑车，这多少会让人误解吧？

爱有什么预兆，老师没有教。找一个能够共事的伙伴，更难。

有时，就一个简单的念头，不喝杯咖啡找借口出来绕个圈，我还真说不出口。

太浓了吧 否则怎会苦得说不出话
每次都一个人 在自问自答 我们的爱到底还在吗
——《咖啡》

记得我一开始有念头说要做 JFJ Productions 时，我跟经纪人说了想法，却换来了 Yvonne 的白眼。"你会累死。一个人没有办法承担，你如果要这样子，你不可能一个人做！"她一句话让我瞬间清醒，当时从剪接、制作、编曲，甚至联络音乐人等工作几乎都是亲力亲为，即便带了助理，我也是手把手教导。我个性谨慎，凡事留退路，总是有 B 计划。如果今天助理做不好，我随时可以全盘接手，很难相信是吧？一个人打天下。

历经 20 年的大风大浪，不得已将我锻炼成全能的人，谁能比我更在乎细节？这些细节都是从无数次失败中累积起来，一点一滴刻在我的细胞里，就像伤痕一样。不求人，凡事求自己。

但凡我有一个新的念头，从前端创意、制作，到发表全包都参与其中，甚至尝试新科技与音乐企划概念等，全部一个人做，肯定是分身乏术的。

在这样关键的判断点，只有经纪人 Yvonne 能够看破我的盲点。Yvonne 是个优秀的执行者，她在看待事情的时候会先思考执行的步骤和会遇到的问题，她对危险的嗅觉是敏锐的。我则是往往先看到可能性跟愿景，做最乐观的白日梦。因此我们两人的性格可以说是互补，如果我们两人能达成一致，事情就能成功。

所以，如果我想要打造 JFJ Productions，就需要有自己的团队，需要有可以信任的、有能力的人在自己的身边，桃园结义打天下至少还有 3 个人，那么后面征战天下时，又得招募多少兵马？我的常山赵子龙在哪里？

黄冠龙，龙哥，就这样直觉涌上心头。

神奇的是，他对我来说，在音乐的历程上并不是新人。10 余年前，我们早已经结下缘分。仔细想想，现在团队多数的核心伙伴，我们早在音乐路上的起点就曾擦身而过，只是等待成熟的缘分到来。

20 年前我刚出道时，龙哥是六甲乐团成员，我们经常在校园演出的后台碰面，但只能算是点头之交。他走摇滚路线，而我则被唱片公司打造成抒情歌手，两人风格差异甚远。2012 年，我准备发行在华纳的第一张专辑，我的现场演出是龙哥担任乐团吉他手，搭配他的吉他声线，我的歌声似乎也更有能量。那时我们才有机会开始交流，发现我们的兴趣爱好很相似，电影、跑车、游戏，还有信仰。更巧的是，我常去龙哥家附近看电影，而他总是会在路边巧遇我的车，拍了照就传给我。他知道我常常一个人，作为朋友，他认为拍照是一种关心与默契，也是一种下了舞台之后的对话形式。

今夜 有缘才能相聚

看过太多好坏 这一路走来

独舞 荒芜中无尽呐喊 啊

——《独舞》

在进行《和自己对话》专辑录音时，我们尝试了很多实验性的手法，制作部还去宜兰用假人头录《独舞》。或许我们这音乐路一路走来，都有共同的感触，做音乐的寂寞，对旁人很难述说。那天我们聊了很多。他跟我聊起自己人生的迷茫，那时他的太太刚怀孕，而他在前公司已经工作了很久，遇到瓶颈，不知道未来要往哪走。我能明白音乐人这种渴望有所改变的心情，《和自己对话》又何尝不是这样的渴望？半年后，当我有了 JFJ Productions 的念头时，或许是相同信仰的指引，相同的心境，我就想到了龙哥。

当晚 21 点，我传了简讯给龙哥，约他出门喝咖啡，谈扩张做制作公司的事情，我们聊了很久，很开心。我开车载着龙哥，心里隆隆作响，奔往新世界的引擎启动了，我兴奋不已。坦白说，提出邀约之后，我心里的英雄旅程好像才有了真正的开始，这旅程要先组团找人，才能上路打怪，这是喜爱玩游戏的我早就应该想通的道理。但过去是我加入游戏，别人帮我组队，而现在，我的圣所，我的 JFJ 团队，谁来加入，谁能帮得上我，我得深思熟虑。

龙哥会写歌、编曲，是非常优秀的音乐制作人，也当过

↑ "和自己对话"
实验专辑 3D 假人头录音。

Road to JJ20

台前艺人，了解艺人的心情与工作上的关键，而且作为专业吉他手的能力在我之上，说他是个吉他魔术师也不为过。

能力之外，我更相信的是直觉，或者更准确地说，是信仰。

同为音乐人，可以感受到对方的调性，弹奏音乐与品位是骗不了人的。日复一日地搭档演出，可以看见人最好跟最差的一面。他加入我的演出乐团后，第一个合作是《学不会》专辑里的《Prologue》。这首歌的歌曲开场便是一段吉他手独奏，我可以感觉到龙哥压力很大，但他的表演就是值得信任，而结果，是超乎期待的。

我们刚开始一起合作《天生是优我》和《消除联萌》的节目时，需要很多尝试跟配合，我的要求又多，我追求每一个音轨、每一个声音、每一个细节都是完美的。每次彩排，每个 Demo，就是成品。对于伙伴来说，这压力是大的，但这也是成立 JFJ Productions 想要追求的。龙哥能明白，他所弹奏的吉他声线，就是成品。有一次，我收到邀约要翻唱《输了你，赢了世界又如何》，我希望编曲听起来气势磅礴，有新的诠释。他埋头苦编，试了很多我没想过的元素。果然歌曲变得更有张力，而最终呈现的结果就是观看数量破亿。对我们两个人的合作来说，增加了双方的自信，我可以放手让合作伙伴展开羽翼，彼此间多了力量，感觉我们的整体能量都在向上提升，我也开始相信，这会是个比我一个人独自拼搏要更好的事。

　　找到好的伙伴，是我创作音乐之外，很重要的课题。

　　幸好我在长久的音乐之路上培养出一些直觉，当它在伙伴与团队之中发挥时，我就可以用来感受并观

↓ 与龙哥一家人合照。

察身边人的状态，建立彼此的工作默契。音乐不仅是音乐，也是判断合作伙伴的重要标准，我可以从演出细节或玩音乐的细节来认识一个人。

一起喝咖啡，吃早餐，都可以。

或许有一天，你也会接到我的简讯——要不要来喝杯咖啡呢？

也许我们在音乐上共同合作的缘分，便是从一杯咖啡开始。

→ 龙哥说

对林俊杰出道前 10 年的印象是，他是个有很多热门金曲的男歌手。因为自己喜欢摇滚，对林俊杰的印象就是唱抒情歌很厉害的男歌手。10 年后，我加入林俊杰团队弹吉他，细细品尝 JJ 的音乐，发现他的音乐真的很好，JJ 会为了追求更好的音乐，付出外人无法察觉的许多努力。

在 JFJ Productions 工作和过去工作最大的差别是预算。过去我的工作是精打细算，在有限的预算内达成最好的成果，但通常 JJ 追求的是完美的成果，他并不是没有考量到预算，而是为了有最好的音乐成果，即使超出预算，也会优先考虑音乐的完成度。一起工作的这些年，JJ 一直在精进自己。这条路上有很多高手，作为伙伴就得要跟上脚步。除此之外，JJ 很念旧，即使遇到更厉害或者不一样的音乐人，他始终会带着我们这群对他来说重要的人一起继续往前走，这是现在世道难得的价值观，也是一种信念，对伙伴的信念。或许正是这样对人的关心与关怀，JJ 的创作始终保持着温暖。

有一次和 JJ 赶案子，凌晨四五点了，东西还没做好，而 JJ 需要等待我的编曲完成后，才能唱好 Demo 交给节目组，他隔天一早还有另一个工作安排。他没有催促，而是耐心地等待。音乐完成后，我将作品交给JJ，他在早上七八点就已经唱好并寄给节目组。可见他几乎整晚没睡，一直在等。其实他可以请节目组再稍等一下，但他没有。

　　身边做音乐的朋友一聊起JJ，大家都心服口服。因为JJ虽然要求很高，但他总是以身作则，以最严谨、严格的态度对待工作。此外，JJ在工作上的沟通非常有效率，只用专业术语沟通，因此身边的人与他工作起来都清楚该往哪个方向努力。面对这样的JJ，大家都是打从心底尊敬他。

The Playlist
列一份谁的歌单

台北 开始 | 19:13
— Opening —

记得 木乃伊 美人鱼 茉莉雨 醉赤壁 关键词

我一边排着"JJ20"世界巡回演唱会台北场的歌单,一边想着,要从哪里开始对他们说话?该说些什么?他们,还记得什么?记得最早的那首歌吗?《记得》《木乃伊》《美人

Road to JJ20

鱼》《茉莉雨》《醉赤壁》《关键词》，好好爱自己，就有人会爱你，这乐观的说词，就这样开始。心里念着歌单，心底的音乐旋律就响起，千头万绪，而我是谁的关键词？

日常生活中，我常在思考和自我反省的过程中找到想要表达的概念，这是创作的一个环节，但遗憾的是，我从来没有在公开场合分享过属于我自己的关键词。在说出口之前，我总会担心说的话是不是合适？会不会听起来像在说教？或是给人高高在上的错觉？这都不是我真正的用意，但不说，又常常引来误解。

想到这些，我又沉默了，音乐旋律在脑海中却没停。

我继续排着歌单，先把那些每个人心底的话都说出口吧，恋人絮语，我把我的感受都藏在歌词里，在落叶的位置，谱出一首诗，《豆浆油条》《小酒窝》《像我的我》《那些你很冒险的梦》《因你而在》，一首首排列下去，哼唱着，感受跟每个人的对话是否流畅，灯光，乐手组合，舞台效果，想象着我们在演唱会唱到这里时，彼此之间心境同步了，理解了，是这样的吧？

跟着前奏，我们都来到了《新地球》，这一次重新编曲，而我好像又想起了什么。那些我们彼此之间没办法轻易沟通的事，三餐奔跑，蓝色荒漠，纽约哀愁，还是不免感伤了起来。

对我来说，艺人更像是一面反射现代人生活状态的镜子。

当我们触及内在诚实的那一面，即使视线对望，距离也变得远了。

我忍不住就想看看我们彼此之间的不同之处所得出不一样的答案或结果，就是不对吗？黑与白，是与非，无法妥协，也没有其他选项。

想到这里我不禁笑了，现在的人都是正义魔人，对吧？

大家都太习惯批判别人和这个社会，自诩为正义使者，在每件事上都想发表自己的看法，决定事情的对错。而我作为公众人物，就经常会被当成批判的对象，包括我怎么生活、我怎么工作、我的价值观、我的所有，都是时刻被大众监督检视的。当我停下来回头看，会发现我一直以来在做的音乐、我遇到的事以及我的状态，似乎都不是在反映我自己，而是这个社会给予我的。

就像我尝试在替台北场的演唱会列歌单时，这是一份大家想要的愿望清单，也是歌迷们来到这演唱

→ 2015年10月《时线：新地球》成都站。

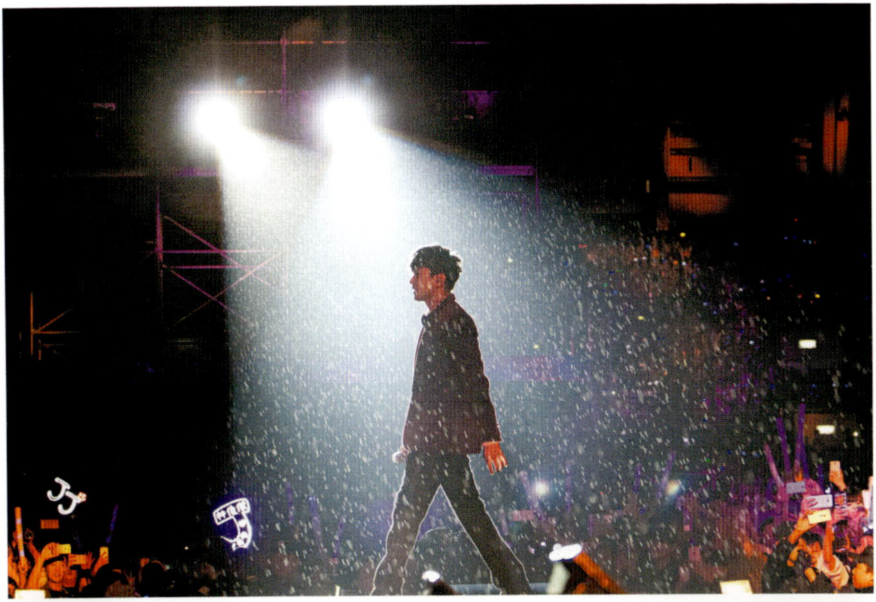

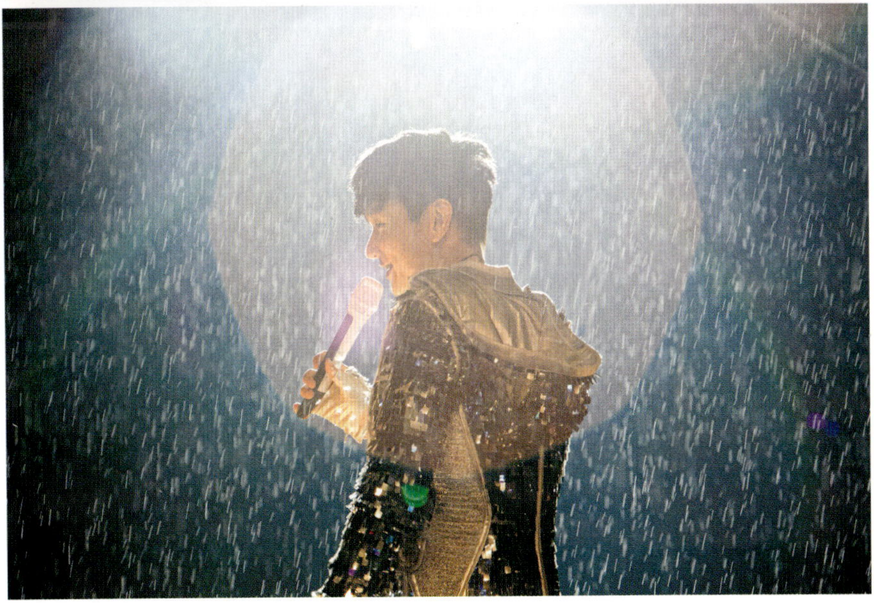

↑ 《伟大的渺小》MV。

会里，想说的，想表达的，不论是愤怒、感伤、快乐、孤单、委屈、害怕、脆弱，都能透过我唱出来，《子弹列车》《Wonderland》《不存在的情人》《不死之身》，用力呼吸的温柔，为你再造一个新宇宙，在这有限时间的一夜20：23，我们许诺，交换余生。

演唱会上的我，毫无保留，想召唤最神奇的魔法，透过音乐让所有愿望都实现，这愿望属于每一个在台下跟我一起共度这段时光的人。

我是一面镜子，在歌曲里面看到的不是我，是每一个你们。

不仅是演唱会，社交媒体也一样，甚至换个对象，演唱会嘉宾邀请哪一位重量级的艺人来也是一样。

我们一起唱歌，《说好不哭》《幸存者》《修炼爱情》《江南》《将故事写成我们》。

满足了愿望，但还是没有办法让每个人都开心，他们想象着这份可以无限罗列下去的歌单上，还有哪些没有完成的愿望，或者谁还没有到场？

我的心里还是有话没说完，愤怒与委屈还是无从宣泄，不知不觉又唱了一小时，故事来到尾声，但有些人还是没有得到期待的奖赏，如神话里的金羊毛，可能散场后，回到了家，还是永远无法满足。

原谅我再选上这一首《不为谁而作的歌》，总有一刻，我们都应该是诚实的，问问他，我是谁？

很多人都没有意识到这事实，尤其是那些在网上任由情绪宣泄的人。他们没有意识到自己留言的内容反映的就是他们真实的样子，社交媒体只是一个平台，让所有人把自己的状态展现出来。他们在互联网上留下的，不仅仅是留言，更是当下内心状态的证据，是属于他们的关键词。

这些留言的背后都是每个人自我的印章，代表着他们的价值观和足迹。

我常常会想，这或许就是所谓艺人的定位吧？

既然我身为艺人，那我的功能或许就是要给予大众一个可以一起聊天的话题和理由，协助他们在聊天的过程中将自己的想法、个性、状态都呈现在互联网上。

换句话说，艺人似乎就是很多普通人的精神支柱。无论是好的，是不好的，我所需要承担的是大众心中好与不好的所有后果。出道这么多年，难免会有压力大、想放弃的时候。无数个深夜里，我都会问自己，这是何必呢？但我说服自己，身为艺人，就必须承担责任。当我有能力成为别人的精神支柱时，有的人会向我看齐，把我当成前进的动力；有的人会将我当成可倾诉的对象，与我分享他日常生活中的寂寞、孤独、委屈。我必须要成为那一面镜子，即使我也有我的寂寞、孤独与委屈。

当然，互联网上也存在另外一群人，他们会攻击、批评我。仔细思考，对这群人而言，我也算是他们的精神支柱，他们需要借由这种方式进行精神上的宣泄。这或许就是我作为艺人,存在于这个世界上的价值、角色和功能之一。每次想到这里,回想多年来的一切,我的不解释,我出于信念与价值的沉默,就不至于觉得太委屈。

这一切看似与我毫无关系,但仔细想来,却又似乎处处与我有关。

当我在舞台上表演、唱歌的时候,台下的听众其实也是陌生人,只有在这短短三四个小时里面,我们因为音乐彼此间有了交集。当我用这样的角度去看大家时,我们就成了一家人。

人们或许都是一样的,他们需要精神支柱,我也需要精神支柱来给予我前行的动力。虽然我不一定有机会真正去认识许多歌迷朋友,但在这样的过程中,透过音乐让他们看到我的成长,也会让我的精神得到归属,不是吗?安可,安可,一声声如浪潮般袭来,经过了这么长的对话,还没说完,是吧?我明白,我们都在这拥挤喧嚣里取得了平静,一个人偶尔就是需要肩靠肩的力量才会觉得不孤单,所以我们都来到了演唱会,3小时,40首歌,让我们在延长的时间里,再一次确定,彼此之间的依靠,歌迷与歌手之间,歌单与愿望,都是伟大而渺小的,不是吗?

天空下着绵绵细雨,心却是热的。在歌单里,我们听着,唱着,看着,一起度过这一晚,明天又可以重新开始。

其实我想要 一种美梦睡不着 一种心脏的狂跳
瓦解界线不被撂倒 奔跑 依靠
我心中最想要 看你看过的浪潮 陪你放肆地年少
从你眼神能找到 解药
宇宙一丝一毫 伟大并非凑巧
我握的手握好 我 或许很渺小

那之前我要 抱你在逆流人潮 懂你每个泪和笑
从你故事中找到 美妙 努力不会徒劳
爱并非凑巧 我们握的手握好
我们就算很渺小 也绝不逃
握的手握好 我有多渺小
也做得到
——《伟大的渺小》

22:12
— The End —

Road to JJ20

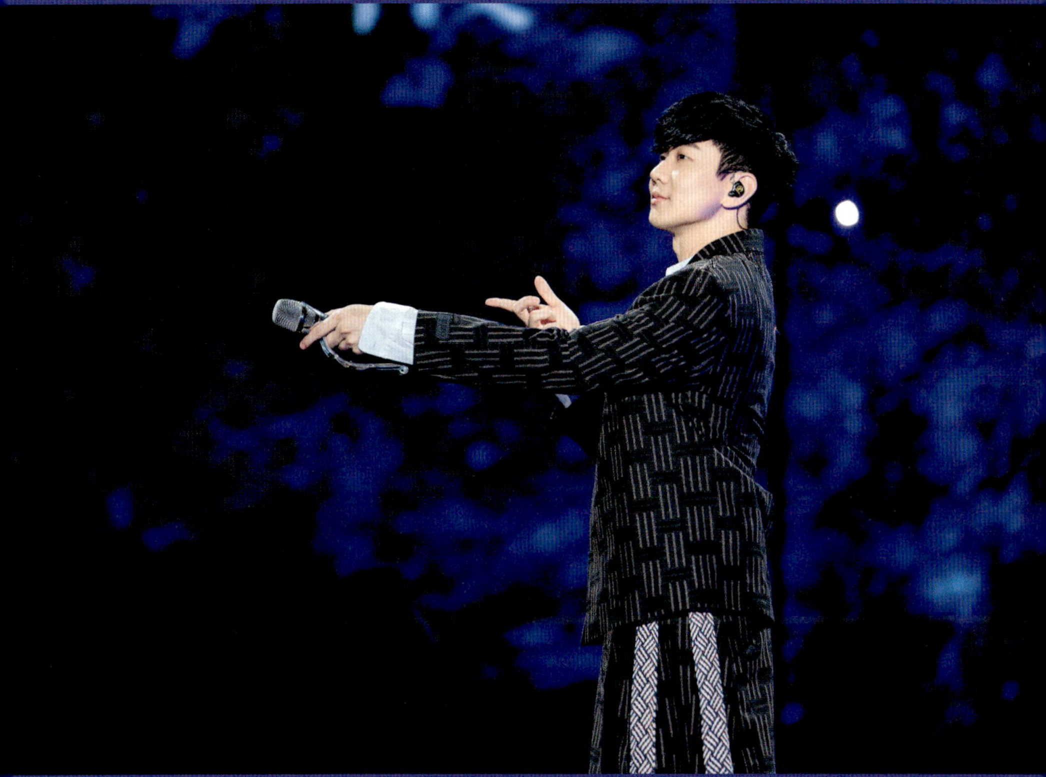

Starting from "Remember": JJ20
从记得开始 JJ20

谁还记得，是谁先说，永远地爱我。

"JJ20"世界巡回演唱会，必须先从《记得》开始，我也永远记得，当我第一次听到自己的曲，在演唱会上透过张惠妹温柔的嗓音唱出时，我心里的感动。我还记得，是我先说，不管走到最后还要多久，我都别忘了这份能感动人的创作初衷。

在演唱会北京站的鸟巢体育场的彩排结束后，我绕着体育场跑了一圈，一方面是一时玩心大起，另一方面我是真的想去感受这个场地的大小。跑之前我一直在舞台下，听着彩排的音轨和音控老师来回调整频率、EQ 和做 mixing。这次演唱会的音响老师是第一次合作，我需要一点时间来和他们彼此磨合，确保呈现出的演出是完美的。同时我也知道，我只能通过听回放的方式调整，因为我没办法让别人去帮我唱，如果不坐在台下听，我就无法真的感受我的音乐，因此这是难得的机会。

调整完之后，我准备下去休息，但后来又觉得，来都来了，干脆跑一跑吧。

2008 年的北京奥运会火炬接力，奥运冠军刘翔是奥运圣火中国境内传递的第 1 棒，而我担任第 149 棒火炬手。我将火炬传给周超，最后火炬传到体操王子李宁手上。开幕仪式上，李宁拿着火炬，绕着鸟巢跑了一圈。那是我对鸟巢体育场最深刻的印象，对我来说，鸟巢体育场象征了伟大和骄傲。

"JJ20"世界巡回演唱会，对我而言是非常接近理想状态的演唱会。它和过往不太一样，过去的我更注重演唱会的惊喜元素，我很在意演唱会的出场是否能给观众惊喜。"圣所"世界巡回演唱会上，我选择以倒吊的形式出场，以求惊艳观众，哪怕是从来没听过我歌曲的观众，也会为此惊叹。

↑ 担任奥运火炬手。　　　　　　　　　　　　　↑ 我的奥运火炬手服装。

这次演唱会，我并没有追求一定要有类似的惊喜元素，我希望当演唱会结束后，大家记得的不再是绚丽的舞台效果，而是我想传达的概念。

"JJ20"世界巡回演唱会要讲的，就是我出道20年来的故事。"0"这个数字象征着无限循环，也有重新开始的意味，而"20"这个数字象征着思想、身体和精神之间的完美平衡。

因此，我想透过"JJ20"世界巡回演唱会传递的是——只有我们在一起才会完整。

Road to JJ20

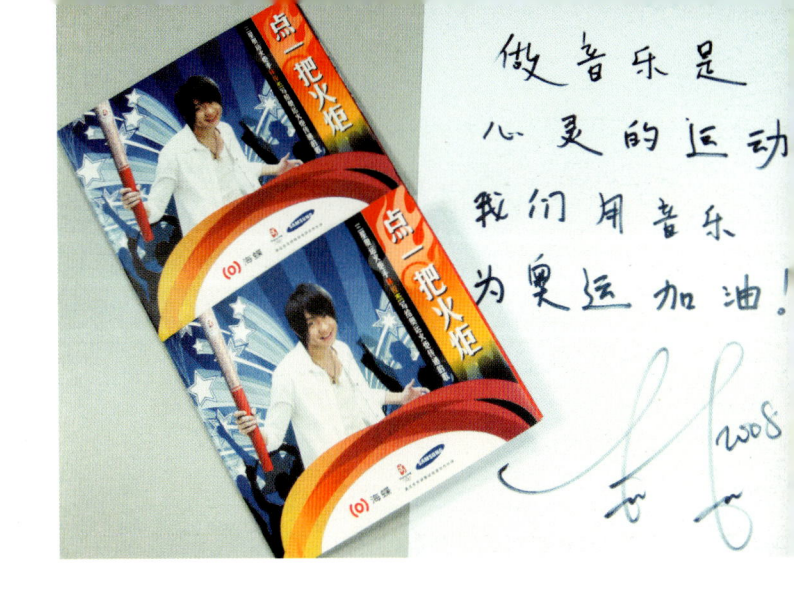

↑ 用音乐为奥运加油。

We have forgotten, what makes us strong.

在筹备演唱会的过程中，我不断地问自己，为什么要做演唱会？我还要做演唱会吗？如果我要做，为什么我必须要做演唱会？

到最后，我得到的答案是，这场演唱会是为了那些真正、真心陪伴着我的人而办的，只有他们和我在一起的时候，这个演唱会才是完整且有意义的。

从这样的角度出发，我需要用我最自然、最真诚的

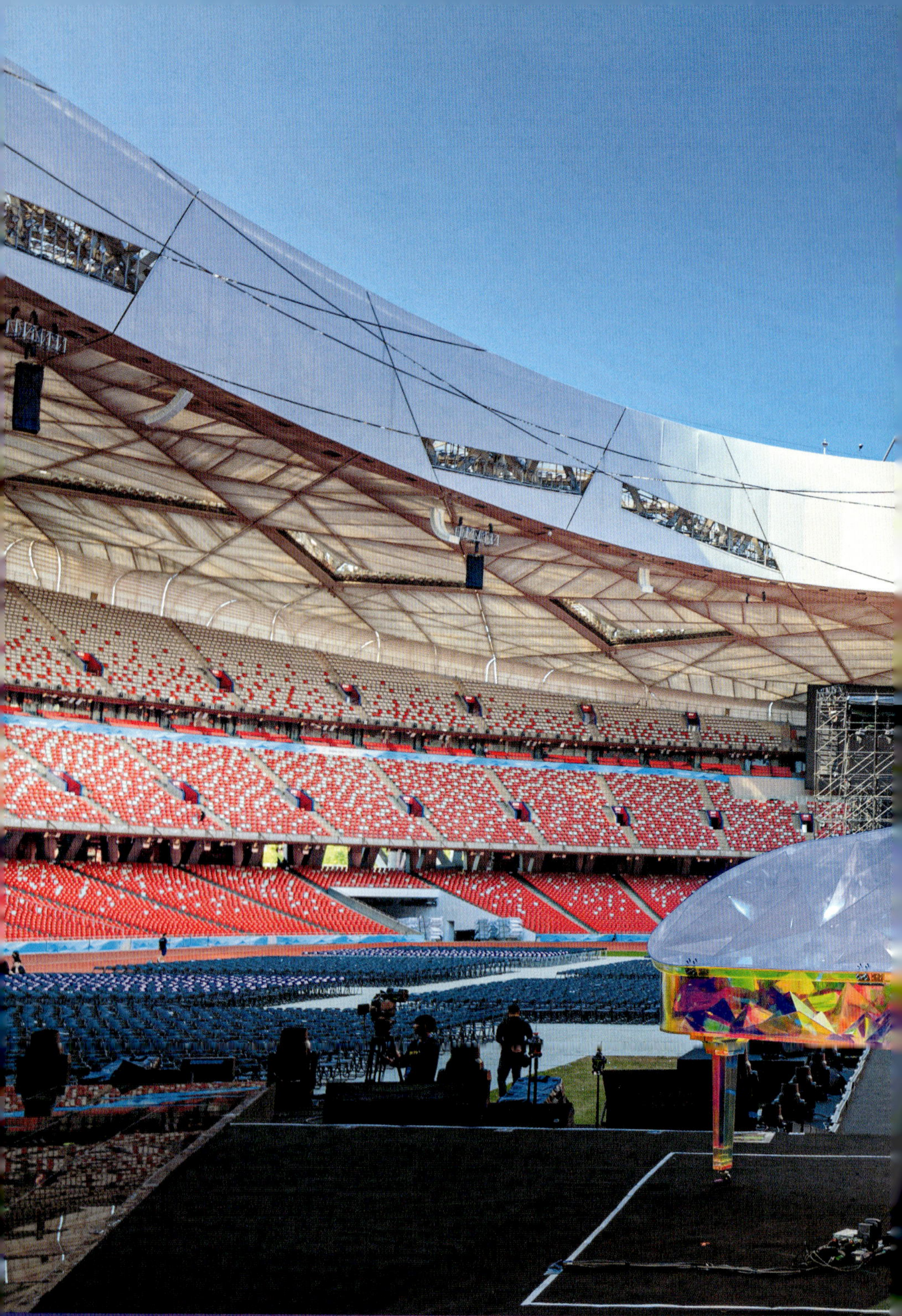

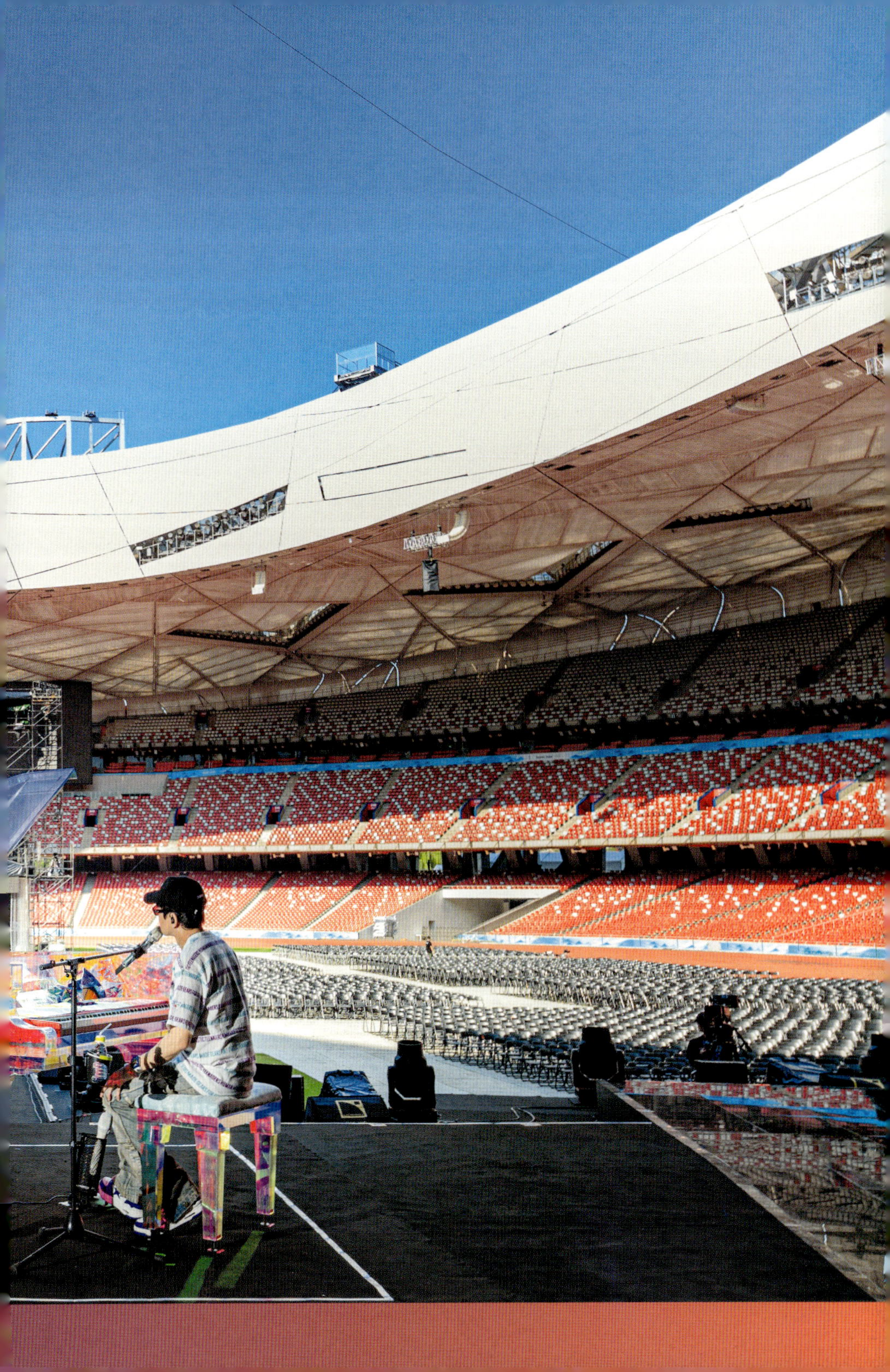

状态,告诉观众这些事。这场演唱会成功与否,关键在于我和观众之间是否有完美状态,而不是技术或舞台是否绚丽。因此,我选择从出道之前写的第一首歌《记得》开始唱,这不只是演唱会的开场,这也是我演艺生涯的起点。

团队了解我的想法后,意识到这场演唱会的难度系数会很高。

因为当我来主导这场演唱会时,我没有任何理由降低标准,也无法说出类似"找不到这个人""这样做不到"的话。以往,华语歌手到欧美地区开演唱会,基本上只要能找到地方就会开唱。因为他们到欧美地区,最担心的就是票房问题,担心国外华人没有这么多。但这一次,我就明确指出我想要做一个"正式"的巡演,即便在欧美地区,也要在一个正式的演出场地。我希望欧美地区的观众、歌迷朋友看到的是完整的巡演规格,而不是降低标准后的巡演。

大家纷纷劝我放弃,我不应该去承担这样的风险。只要不选择这么大的场地,就可以维持自己演唱会门票秒罄的成绩。

我说:"20周年我想好好做。如果你们觉得卖不动,或者体育馆太大,我可以不去。我如果要去,就要去最好的体育馆,如果卖得不好,我愿意承受。就算只卖二成,我也会去唱,最后的结果和大家无关。"

大家听完我的决定就依照我的想法一起做一次,试试看。大家都知道,我想把华人音乐推向国际。对我来说,歌手最好的成绩单就是演唱会。我想证明我的能力,也想让世界上的人都看到 Mando-pop 也具备类似 K-pop 的潜力。我其实就是想赌一把,看看在大家的帮助下,我是否可以在自己出道 20 周年之际冲向国际,哪怕可能会失败。

因此,此次的美国巡演,于我而言是史无前例的。这次去的地方多,场数多,位子也多,但票房纪录并不是源自票价特别贵,而是得益于场子大、位子多,一切都是真正的实力。我跟团队创造了很多新纪录。

当国内巡演开始时,我强调是一样的要求与标准,要把完整的演唱会搬到国内。对我而言,如果这城市或这场地无法满足开演唱会的条件,宁愿选择不开。我想要的并不多,只是单纯希望可以尽可能在各个地区都开演唱会。过往的演唱会都会选择大城市,因为这是最保险,也是最方便的选项。但这一次,我关心的是,如果只在那些地区开演唱会,那其他地区的粉丝该怎么办?他们是不是每次都得飞几个小时来看我的演唱会,而我就只是待在这里不动?

确定自己想要的事之后,我愿意承担风险。我不再选择相对安全、容易的方式,而是选择自己真正想要的。这一改变让工作量变得更大。这是我的成长,也是我这次希望交给歌迷的成绩单。

对我来说,这次"JJ20"世界巡回演唱会是自北京场之

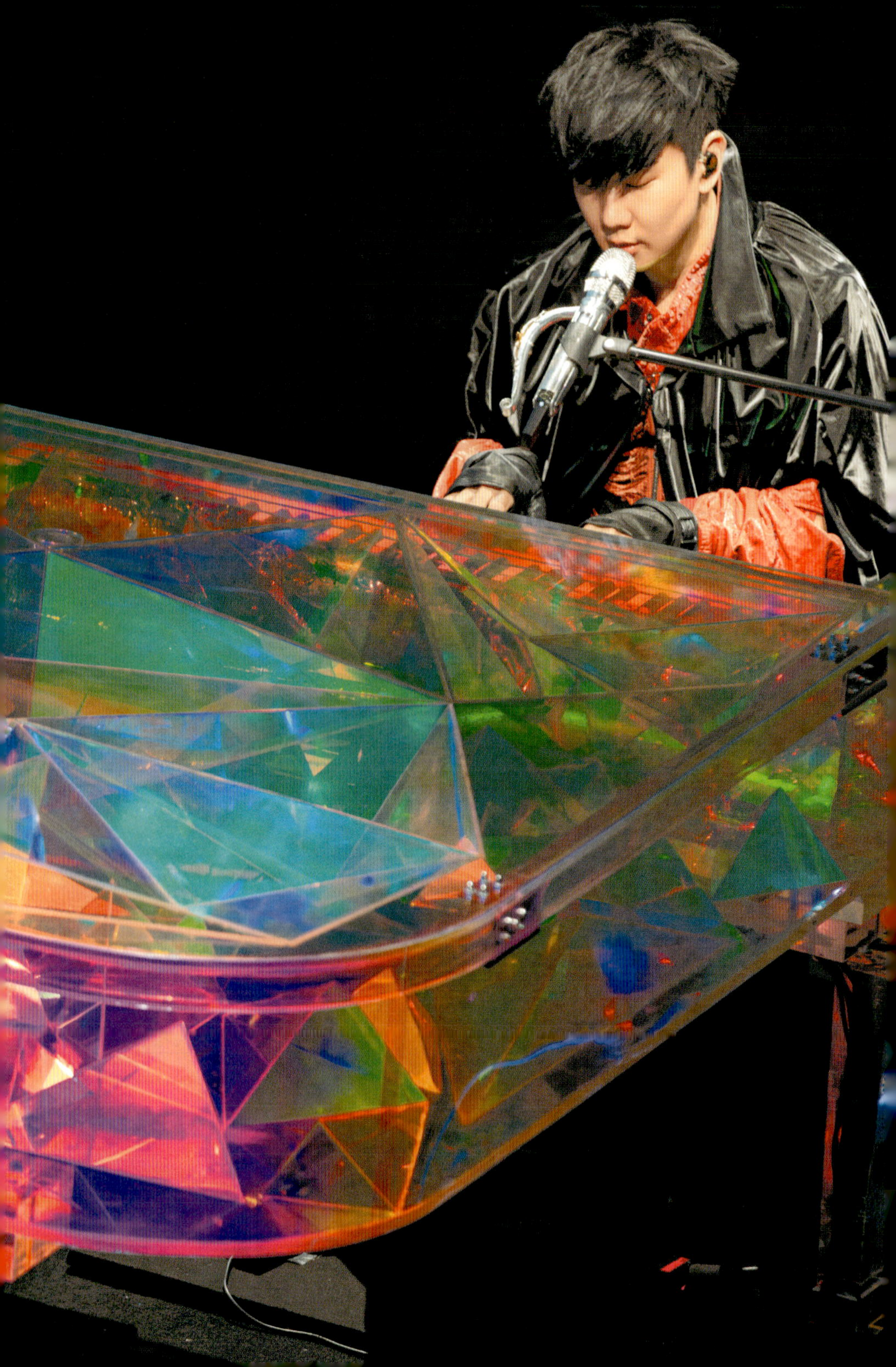

后，才真正达到我心中希望的"JJ20"的模样。

在这之前，我已经跑了很多场海外的演唱会，每一场都是独一无二的，我们也创造了很多前所未有的，甚至可能无法复刻的互动，但总感觉像是少了一点什么，那是难以解释的一种情感联结。

当来到北京场时，我真的被感动了。我可以确切地感受到，哪怕是在巨大的场地里，哪怕我们相隔这么远，在根本不可能触碰到彼此的状态下，我能感受到他们对于互动的渴望，让我清楚知道，在那个当下，我们是在一起的。当影片说到"You complete me"的时候，场内出现的人浪，就已经是"JJ20"最好的见证，也就是我想表达的一切。很多人问我为什么会在北京场露腹肌，因为我被观众的情绪打动了，一时兴起，我感到安全、放松，我们可以一起玩，就像朋友一样。

会来看演唱会的人有很多种，和我一起长大的歌迷、第一次来看我的、不认识我单纯来凑热闹的，甚至也有一些不喜欢我、想攻击我的人，他们可能都在现场。但不论他们抱着什么样的心态，对我来说，来了就是来了，我都欢迎。因为我始终相信，我的音乐可以感动来的人，哪怕他们不喜欢我，不喜欢我的歌，但只要身处现场，音乐就可以触及灵魂。

我始终相信音乐有种神圣的力量，它会在冥冥之中牵引我们，让我们彼此的灵魂共振，让我们在一起。

当我绕着鸟巢体育场跑了一圈，用音乐在这里跑了一圈，好像隐隐约约觉得是一种延续，我看着观众席上的你们感慨万千，即使过了这么久，20年，我们都记得彼此，谢谢你们的温柔，我们用歌声手牵手，说好了，一起走向下个10年，要一直走到最后。

谢谢你们一直都在，我会记得，永远爱你们。

Live Duet with the Secret Guests
给不具名嘉宾的 LIVE 对唱

"JJ20"世界巡回演唱会的北京场，我邀请了3位歌手担任演唱会嘉宾。

第一位是邓紫棋，我们上次合作应该是10年前，但仍感觉十分亲近，是有你我都在的默契。第二位是独具特色，几乎无人可以取代的新生代歌手周深，他的声

Road to JJ20

线非常奇特,甚至让我想起了张信哲。周深出道时间或许不长,但我在他身上看到了无穷的潜力。第三位是前辈韩红,我们认识快 20 年,她就像是我的姐姐、我的家人,也是我非常敬佩的一名艺人,她一直给予我许多鼓励。这 3 名歌手的共同点是,在过去 20 年的演艺生涯中,我几乎没有和他们同台演唱,在北京场演唱会上的合唱歌曲都是首次同台演唱。

我们合唱的歌,像是和邓紫棋合唱的《手心的蔷薇》,和周深合唱的《裹着心的光》《大鱼》,或是和韩红合唱的《飞云之下》,对我来说都是熟悉的歌曲,可是在 LIVE 演出的形式下唱出这些歌,感受却完全不同。

熟悉这些要唱的歌曲是最基本的功课。但我一直认为,唱歌可以熟悉,但不能熟练。

我需要释放一些空间,允许惊喜和意外在舞台上自然发生,因为这就是 LIVE 演出的精髓。在熟悉和熟练之间,最难拿捏的就是,到底要准备到什么程度才算是完美?

尤其我还是一个很容易忘词的人。

我认为 LIVE 演出最好的状态,永远是第一次正式演出。

因此,我一般在彩排时都不会刻意追求完美。

我当然还是会将要表演的内容倒背如流,一样会注重每一个细节。我会重新编曲完后录一小段给自己听,也给团队听,让大家对于正式演出可以有点心理准备。但我也确实清楚，正式演出的时候，一切一定会和我安排的不一样。

在舞台上表演，是我的工作日常。

但实际上，表演一直是同时存在着紧张与放松两种极端状态的。

对像我这样的表演者来说，无论在什么样的场合演出，我都得维持一样的心境，透过歌曲表达想说的。我需要全然专注、沉浸在音乐里，把自己完全交给音乐，让它带着我走。从这个角度来看，每场演出对我来说应该是一样的，都需要完美无瑕。但有趣的点在于，LIVE 演出每一次都不会是一样的。因为 LIVE 不仅关乎我个人、乐手、编曲和舞台等，甚至包含天气、温度、场所和来听歌的粉丝们，这其实都是演出的一部分，他们会让我在每次进入音乐时的状态有所不同，让每次都成为独一无二的演出。

成熟的表演者应该是像水一样，要学会融入每一个表演的状态中，成为它的一部分，与之融为一体，而不是和它硬碰硬，这样才能承载这个舞台。

例如，在一个小场地里演出时，如果用很用力的方式表演，就会让观众认为"我们没有在一起，他只是单纯地沉醉在他的世界里"；可相反地，当我去到像鸟巢体育场这样大的表演场地时，如果我表现得太内敛，就无法给予观众足够的能量。说起来似乎有点玄，但这也正是 LIVE 演出的魅力，包括演出的视觉效果、我的体态、我的声音、我的眼神等，一同和观众达到共鸣，让我们之间取得一种奇特的联结。

→ JJ20巡演台北站看到路牌指示，顽皮下车去引导观众入场。

该怎么做？答案永远在现场。

演出正式开始，当我置身其中时，演出本身会告诉我该怎么做。

我会有不一样的情绪，会有即兴的转音、发挥，甚至是歌手之间的眼神交流，这些都会给我不一样的感受，让这首歌、这场演出被赋予新的生命。

说来矛盾，一方面这是 LIVE 演出的魔力，但另一方面我也最讨厌这种情绪最高昂的时刻。因为这种时候，我即使是看着提词器也能把歌词唱错，但练习的时候哪怕不看着提词器，也不曾发生。偏偏在台上，只要情绪一上来，紧张、兴奋的时候就是会唱错。这也正说明了，我在台上的时候，哪怕眼睛盯着提词器，但实际上我并没有在想歌词，而是单纯地沉浸在演出的状态里，甚至无法理性思考。某种程度上，歌词在这种时刻可以算是一个干扰。当我过于注重歌词时，它就会把我从这种状态里拽出来，逼迫我去思考这个字应该怎么念、怎么唱，以致让我有点出神。比起英文，我在中文的运用上还是不够自如，当我阅读中文歌词时，是最耗费心思的。但唱错有没有关系？如果情绪跟情感都能透过音乐传达出去时，歌词反而不是重点，因为音乐是整体性的，LIVE 也是整体性的。

这或许是所谓音乐最纯粹的魅力。

我一直觉得，音乐是一件很奇妙的事，因为无论用什么样的方式解释，都无法取代音乐给予人类在心灵上的感受。当然，我的优势或许在于，我被赋予了对音乐的敏锐度，我懂音乐。所谓的懂，不仅是因为我学过乐理，单纯停留在理论层面上的懂，更是那种能透过音乐和别人达成心灵相通的感觉。音乐人之所以会觉得彼此能互相了解，也正是仰赖于这种彼此间可以不用解释，甚至无法解释的状态。而作为表演者，我的任务就是要让现场的观众——无论他懂不懂音乐，都能和我一样感受到这个联结，然后被打动。我相信，人只要有心灵，只要愿意把心打开，都是可以被一首歌曲、一个表演所打动的。

因此，我希望我的每一次舞台表演都可以让我和我的观众达到这种双向奔赴的状态，而不是因为我是歌手，所以他们就要来追随我的形式。

我相信，只有双向碰撞的火花才会真实而美丽。

我相信，在LIVE现场，每一首歌，都是我跟你的对唱，而每一个你，都是LIVE演唱会上不具名的嘉宾。

我学着一个人存在（I'm here）

关上灯比较不孤单（不让你孤单）

你给的力量 让我在夜里安心入睡（别怕黑夜）

就算没有人心疼我的泪（有个人心疼你的泪）

手心的蔷薇 刺伤而不自觉

你值得被疼爱 你懂我的期待

绚烂后枯萎 经过几个圆缺

有我在（有你在）喔

——《手心的蔷薇》

奖 赏

Reward

Reward: Findings

Boss Has No Allowance
老 板 没 有 零 用 钱

　　我对吃很讲究。尤其是早餐，我非常喜欢吃早餐。

　　我喜欢吃完早餐后迎接晨光的那种暖呼呼的感觉，从黑夜来到白天，昨夜纷扰的一切，透过手冲咖啡的仪式感，研磨机的声音，发烫热水的白雾，咖啡的香气，加上烤吐司、煎蛋，生命好像在呼吸中被唤醒。这样简单的安静是几乎可以听到音乐的，不需要唱，也不需要乐器，就是生活本身，有节奏，有声音，有颜色，有感受。

简单的美好，豆浆油条，可以，可颂奶油，也行。

"JJ20"世界巡回演唱开始前，我沉浸在这样规律而悠闲的日子里，好日子就像是手冲咖啡，需要时间来酝酿。巡回开始以后，天亮时能好好吃一顿早餐都变得奢侈。既然是世界巡演，就有时差问题。我常常睡了3小时就得起床，身体的白天可能还在北半球的黑夜里沉睡着，但视野里的黑夜已经变成亮晃晃的逆光白。你问我在梦中找什么？白色泛光中，有时也没有线索，梦中未醒，各种纷扰不安或者未结束的情绪袭来，纵然能化作创作的养分，但好好睡觉才是最卑微的愿望。

我不累，哈，才怪。

我是很少把"累"给说出口的，但心情上的沉重一直存在。

专注当下是轻松的。我喜欢把工作都做好，不只是唱歌，吃早餐，手冲咖啡都是，只是停下来想真正放松时，一想到未来，和一起工作的伙伴，就很难不去多想。身为艺术工作者，尤其是临场表演，歌迷跟自己一样，都是在日常中放下工作，用同样的时间换取双方在一起的短暂时光。对他们来说，3个小时是珍贵的。全心全意是相互约定的承诺，所以即使身体很累，我都不会把时差、失眠和感冒当作借口，上了台，就是要百分之百毫无保留地唱。

下了台，就是下一个行程，有时想停下来好好吃顿饭都很困难。

对，没错，我是公司老板，但在演唱会的工作环节里，我是歌手，是艺人，多半时间都得听别人的话。连吃顿饭，都没有自主权。

到了一个新的地方，空气都不一样，我也很想尝尝不同的手冲咖啡、食物，想放松下来好好吃顿饭。

但现实中，我只要一出门，不管是哪个门，都有歌迷在等待。回到生活里，我是个平凡人，有着平凡而单纯的渴望，想要这份自在，对我来说并不容易。在巡回

表演的日程里，所有人都像是在校准良好的手表里生活，一分一秒都不能出错，而我的出入也被安排在锁链里，随时都是上紧发条，按照着规划，滴滴答答地走着。我去哪儿，都会有工作人员跟着。大家会随时追问我的动向，不放心我，连吃饭这样一件小事，他们都认为我不可以外出，餐点应该点好送到酒店房间里。

过去为了减少大家的麻烦，我都配合，但这次，我选择叛逆。

我既然已经来到世界，想在陌生的领域里找寻灵感，如果连吃点当地的美食都没办法做主，那我真的就只是换了个地方唱歌而已。

我意识到，这不仅仅只是对自己好一点，而是确实需要改变。不再只为了求安全，而把自己给限制住，这样的日子我快要窒息了。

创作是需要一点点放纵的，可以不照规矩来。

这次的"JJ20"世界巡回演唱会从 11 月开始，到现在的 6 月，不是请别人帮忙买回酒店，就是出去吃。一到新的城市，我比团队里的任何人都积极地寻找咖啡厅、餐厅，丢到群组里邀伙伴们一起去。刚开始他们都感到讶异，甚至开会讨论，告诉我这样做跟以前怎么不一样，可能会有什么风险，跟敲定的时间安排有冲突，等等。不是要为难大家，而是我不一样了。过去可能除了工作的需求之外，我很少开口麻烦别人。因为这是私事,是自己的需求。但现在的我,经过了疫情,还有这许多年的成长与积累,我能更自然地面对自己的真实感受。除了音乐之外,我也需要跟人沟通,说出我自己的需求。大家可能没想过,个性害羞的我,讲起演唱会的细节要求,一丝不苟,但回到私事上,光是要把去吃饭、喝咖啡这样简单的事情说出口,还得让每个与自己有关联的人都明白,对我而言是一件不容易的事情。

我需要出去,走进这个世界,好好吃顿饭,喝杯咖啡。
我需要。
这可能是我人生中小小登月行动的一大步。
不过,好笑的是,在演唱会期间,我出门用餐是没有零用钱的。
这是什么概念?
老板没有零用钱?
是的,在演唱会的工作团队里面,每一笔钱都需要被规划与控制,每个工作人员外出用餐花费都有零用钱,但唯独我没有。
我是有吃饭预算,但仅限于在演唱会当地的住宿酒店内使用。为了额外的预算规划,我特别去问了主办方,为什么我不能出去吃饭?主办方表示,这是惯例啊,没有艺人是在酒店外用餐的。
没有零用钱,让我想起小时候学校运动会,每个同学都会在操场上的美禄车前排队，等待一杯免费的冰美禄。排队的过程中所燃起的焦虑感，让我怀疑等轮到我时，会不会已经发完了。我并不是没有钱买，但每个人都能拿免费的，那意义是不一样的，意思是别人有的，我也应该会有。

多年之后，我自己的咖啡店里也有冰美禄，或许多多少少反映了我这种小小的、属于普通人的焦虑。

预算里我的餐费比别人的都多，但我只能在酒店里用。我能在房间里点各种好吃的，菜单上任何我想吃的都可以点。但我不能出去，我不能任性地走出酒店，在街头晃荡，然后在街角的咖啡店点一杯我爱的手冲咖啡。

没有艺人是在外面吃饭的，外出吃饭多麻烦，在酒店里，一切都简单。主办方因此还跟我说明了酒店内有其他选项，但我的心思早就飘向远方。

对，我在台上唱《孤独娱乐》，回到台下跟谁讲呢？

人是群居动物，对吧？渴望找到同类，想要被接纳，想要和别人一样，甚至连外星人也一样，所以我们才要唱歌。下了舞台，虽然我还是歌手身份，但内心渴望着自由的日子。20年了，我应该可以任性一点，对吧？

在悉尼，一个例行性失眠后的早晨，阳光看起来很温暖。我在群组里发了条短信："有没有人想吃早餐？"按下发送键的那刻是有点忐忑。会有人想去吗？这样做对吗？昨天夜里还在开会，该不会还在睡？不会都吃饱了吧？怎么还没有人回？我没有耐心等待，换了衣服下楼，想说我一个人也可以，但也明白有点逞强，出了门之后的风险，跟闯关差不多。从发送到收到答复前的不到 5 分钟里，我的脑海中闪过无数个念头。好在，阿龙很快就回了我。

他说，好。

我把想去的餐厅地址发给他，那是我心心念念很久的餐厅，就在酒店附近，我早就查过了。他说，餐厅需要现场候位。我知道，我可以排队。好久没有排队了，也许该写一首关于排队的歌。就这样，我们走出了酒店，走在悉尼的街头，天气晴朗，心情舒畅。

在店门口排队的时候，我就被认出来了，没隔多久，社交媒体上就开始出现偶遇我的内容和照片，越来越多的人围了上来。阿龙也开始替我想办法，安排等一下撤退的动线等，我想他同时也发了些短信给同事们，以免有什么其他想不到的问题。我猜，宣传、企划，还有网站小编大概也同步动起来了吧，有些人可能隔了半个地球也在替我操心着。我小小的任性一定也牵动了不少人。豆浆油条，想起好久以前的那段日子，当时的我要离开酒店吃豆浆油条，并不需要考虑太多，我有很多自己的时间，当时的很多烦恼跟害怕，20 年后都克服了，但不知不觉，似乎也失去了什么。好好吃顿早餐这个愿望，正是让我想清楚，对我来说，什么是重要的，我也需要一点点从这些仪式感的创造中，重新找回自己的生活脚步。

悉尼站的巡回演唱会结束后,我去了巴黎。

巴黎,我,一个人,出去吃早餐。

ME TIME。

这次我没发短信给任何人,一个人来到法国酒店大厅附近的小咖啡厅,本来想点个早午餐,可看了菜单才发现只有可颂。好像不算是太好的开始,可颂就可颂吧,他们还可以单点手冲。看着路边的风景,映照在窗边,是自己的模样,好像身影有点落寞,从我这个角度看来,是个熟悉的陌生人。他会被遗忘吗?或者是,谁真的关心他吗?写了一整张专辑,每天夜里都唱,只要停下来,人就是会问类似的问题。

但很快,我又被认出来了。

可这一瞬间的我,竟然是有点开心的。

我想,我或许是有那么点害怕被遗忘的,我或许并不如自己设想的那般想要平凡的生活。倒也不是说我有多自命不凡,只是我的音乐梦想还没有达成,我的音乐王国还能再扩张,我的想法和创意还没有推广,我还有好多好多事想做,而那些事使我注定无法选择和大部分人一样过平淡简单的生活。我需要站在台前,需要承载一些别人的期望,需要损失那份本该和别人一样的零花钱。

夜里,演唱会准时开始了。我回到熟悉的舞台上,在世界的角落里,在歌迷朋友的欢呼声中,第一束光打到我的身上。我伸手抚上琴键,弹出第一个音符。

谁还记得是谁先说,永远地爱我?

这是"JJ20世界巡回演唱会"第一首歌《记得》的第一句歌词,是演唱会的起点,也是我这场长达20年征途的起点。

偌大的场馆内好安静,大家都在听我唱歌,我知道大家早上都应该好好地吃了早餐。

痛濒临快乐,痛心疼快乐,就是这一回事。

→ 与爱犬MOMO。

Making True Friends, Through Hobbies

用 兴 趣 认 真
交 朋 友

　　我是一个认真对待兴趣的人。我经常接触不同的领域，像是电竞、潮牌、咖啡等，而我所看中的，一直是我在这些领域里所能接触到的人，就像交朋友一样。

　　如果我只甘于当一名歌手，那我所能接触到的人始终有限。实际上，我很在乎大家是如何看待我的，我不希望自己在大家眼中只是一名歌手而已，我是真的想要经营这些不同的产业，真心想要跨界。因此当我在做品牌，或在我处理不同公司的事情上切换时，这些事情都和音乐是没有关系的。我在开始新的项目时，尽量去选择做一些没有音乐人涉猎的项目，因为只有这样才能去创造所谓的新产业，才能通过加入产业而得以认识产业里的人。

当我成立一支电竞战队时，我认识的是专业的电竞投资人、品牌拥有者、电竞选手等，他们是真正在这个产业链里生存的人。这一切都是因为我的身份是电竞战队的老板，而不是因为我唱了一场电竞比赛的主题曲。这两件事对我而言是完全不同的，我不希望是以歌手的身份加入电竞活动，而是必须以专业的、电竞主理人的身份来认识、对待这个产业。不只在电竞上是如此，在潮牌上亦是如此。除非有很特殊的原因，否则我几乎不在潮流展上唱歌，在咖啡上也是。

对我来说，它们都是各个不同的品牌，不同的产业，而我需要证明的是，在这些产业里，我是专业的。要成为专业的人，那就不能只是嘴上说说。我需要时间去真正地了解这些产业，成为这些产业里专业的人。

以咖啡为例，当我想做咖啡时，如果我只是去玩票，那真的懂咖啡的人是不会看得起我的。他们会觉得，我只是明星，我只是想赚钱。但事实不是这样的，我是真的爱咖啡，所以才来学习如何做咖啡。只有我做的咖啡比咖啡师做的好

← ＳＭＧ团队。

← 主办KAWS HOLIDAY 台北站与艺术家Kaws 及 AllRightsReserved 创办人SK Lam合影。

Road to JJ20

喝，那些人才会停止对我的偏见，他们才会知道我是认真对待这个产业的。这是一个好玩的过程，因为喜欢咖啡，而在做的过程中发现，我有能力可以做好，这一点让我越来越认真。我选择做咖啡，也不仅仅因为喜欢喝咖啡，而是真的认为咖啡是有潜力的，是可以拿来做生意的。当我成为咖啡师的时候，在咖啡界里也交到了很多的好友。

做 SMG 潮牌的时候，其实也面临一样的问题。我喜欢时尚，但我的外表容易让人误会，大家会觉得小酒窝、长睫毛的林俊杰不可能做出像 SMG 这样街头的、叛逆的、军事风的品牌。这和我当时的艺人定位是冲突的。

还记得 2009 年，也是这品牌开始的第一年，我们在这品牌的 Logo 到底要设计成军事街头风还是可爱路线之间纠结。我的歌迷朋友大多是女生，但最后我还是决定走自己想走的路，因为这才是我真正想要呈现的风格。刚开始的那几年确实辛苦，大众也不买单，大家都认为这就是明星品牌。慢慢地，我们开始和一些国际品牌联名。虽然还是逃不过明星品牌的称呼，但联名的形式证明了我们是可以的，有人会想和 SMG 合作，而不只是和林俊杰合作。

至于在定位和受众方面，我相信时间可以慢慢证明 "Still Moving Under Gunfire" 这个品牌的理念，它符合我对于人生的想象和理解。这不只是个简单的口号，我会把这个概念带到我的演唱会上，分享我的故事，把它体现在我的潮牌上，体现在我的音乐上。我觉得由我来说这件事是最有说服力的，因为我已经43岁了，在面对人生的很多事时，是这个理念支撑着我走过来了。

时至今日，这些事业成为我的另一个支柱，它在某种程度上丰富了我的人生，让我有更多不同的选择与可能性。或许可以理解为，它是我的延伸。这些品牌都是可以永续经营的，即使有一天我决定封麦不唱了，不当歌手了，不当艺人了，这些产业也可以继续经营，或许是可以做一辈子的事情。

转眼，我的服装品牌SMG已成立了15年，Miracle Coffee也成立了7年，一切都逐渐走上轨道。它们或许还是需要依靠我的影响力而成长，但不再像以前那样完全仰赖我的指令前进，它们更有主动性，可以自主生长，有机且充满活力。是时候了，我希望把它们当成独立的品牌去运营。多年下来，我成熟了，这市场也足够成熟了。

如今，在自媒体的环境下，所有人都可以快速地掌握信息，歌迷的传播速度甚至比媒体更快。我要是刚从街上走过，或许30秒后，大家就可以在微博上看到这个消息了。时代的脚步越来越快，有时候我会觉得现在的人生就是一场大型真人秀，大家对艺人的认知也越来越立体。很多事我甚至都不用自己发声，我的歌迷们就会理解。在这样的情况下，我可以不用再多做解释，这些品牌也一样。

经历了这么多事之后，"Still Moving Under Gunfire"的品

牌精神已经融入我的人生中，没有人会再质疑唱《小酒窝》的我为什么可以经营主打军事风的 SMG。现在的我，还是在唱《小酒窝》，但我所经历的事情，我走过来的方式，已经完全反映了 SMG 的品牌精神。

Miracle 也是如此。近几年许多人的生活方式发生改变，大家爱喝咖啡，我也爱喝咖啡，这些事情如此真实地发生在我身上，成为我的一部分。懂我的人自然会理解我，但不懂的人不理解也无所谓。

在这些事情上，我变得从容许多。以前可能会有很多紧张和焦虑的情绪，我想要把一切都抓在手里，让一切发生在可控范围内。现在的我调整了自己的心态，让事情自然发酵，也时刻准备面对不可控的意外，见招拆招。我是一个理想主义者，我永远能看到事情最美好的状态。

换句话说，7300 余天，是一个用兴趣认真交朋友的过程。

Road to JJ20

→ Bruce 说

JJ 是个很细心的人。一次和 JJ 做活动时，遇到日本潮流教父 Nigo，我表达了自己对 Nigo 的喜欢。后来，JJ 到日本时，Nigo 邀请 JJ 去他的工作室参观，JJ 就特意叫上我一起去，让我十分感动。2019 年，在《KAWS：HOLIDAY》的新品发布会展出他的艺术作品，JFJ Productions 是协办单位。后来 KAWS 约 JJ 吃饭，JJ 也特意叫上我同去，让我非常开心。

→ Ming 说

JJ 一直把大家放在心上，甚至会观察并记下大家喜欢的小东西，在合适的、特别的时间送给伙伴。多年前，我刚和 JJ 磨合完不久，JJ 就带我去纽约时装周看演出。我本身就是留美学艺术的，这对我而言，是个非常酷的体验。

同时，JJ 曾经表达，希望 SMG 能够凸显出时装主创作者的角色。2016 年至 2018 年，JJ 带着我参加上海时装周的活动，鼓励我一起上台接受访谈。虽然我并不是个擅长发言的人，但 JJ 也愿意给我机会练习，希望我能有更多的机会学习如何应

← 2019 年电竞战队 Team SMG 新启航发布会。翻拍自林俊杰微博。

对，习惯站到台前。他跟我说，他以前面对大众说话也会感到紧张跟害羞。在这个过程中，我深刻感受到作为艺人的JJ，要站在荧光屏前侃侃而谈，实际上是需要经过许多努力去学习和克服这一切的。

→ JS 说

　　2016年左右，我在好友的介绍下与JJ一起打Dota。我们当时只是网友，后来碰面时，才知道原来一起在网上玩游戏的人就是JJ。2017年，我念完研究所找工作，吃饭时和JJ谈及此事。他问我有没有兴趣进公司当助理。当时我认为自己对演艺圈和营运一窍不通，可是JJ安慰我说"没关系，就像在游戏里玩辅助一样就好"。在游戏中，我一般玩的是没有太多人愿意玩的辅助角色，玩辅助角色就表示你必须牺牲自己，成全整个团队。他能看重我的特点，这让我感到很开心。

Gameboy & Love

Gameboy & Love

很久以前，我以为，我会是漫画家。

或者，是电竞选手。

没想到，我变成了创作音乐的歌手。

小时候的我，最喜欢玩的是《最终幻想》。

后来，我交了个女朋友，她会写作、会写剧本，而我就负责画漫画，我们一起画了两本漫画。当时的想象是美好的，在未来我要把漫画里的世界打造成一款游

↑ 中学年度毕业作品，我是美术班的。

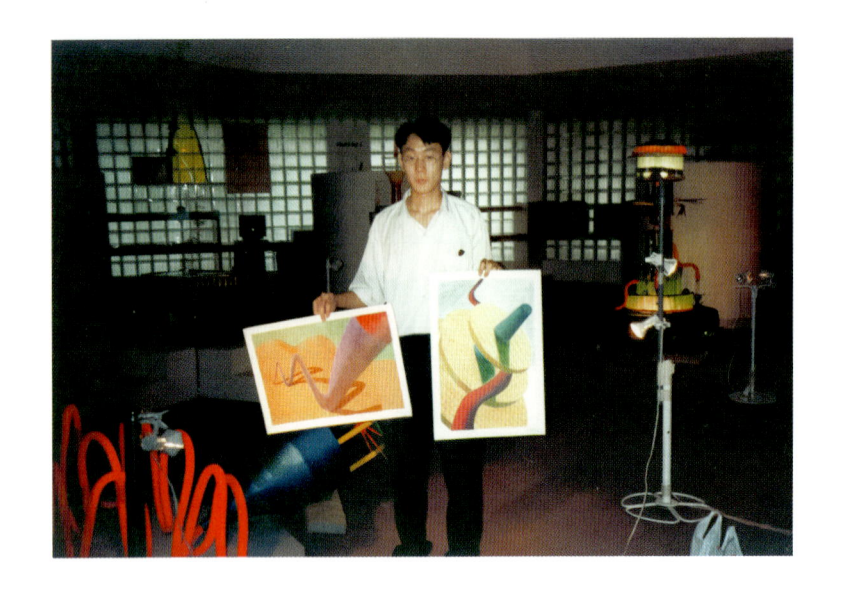

戏，再给游戏做配乐。结果，感情结束了，漫画没戏了，做游戏比打游戏要难一百倍，只剩下哼哼唱唱，弹钢琴录音乐做配乐。

　　但我永远记得那些想把整个脑袋中的世界给打造出来的热情。

　　或许我是真的天真吧。

　　我对感情的事情也有很多想象，而这份想象回到现实中，有很多是我无法掌握的，两个人的世界，并不是我说了算。更糟的是，一旦爱上了，就像沉迷在游戏里，我希望能把每个关卡都打通。全心全意地投入，毫无保留，即使遍体鳞伤也在所不惜。然而，现实人生并

↑ 吉他练习。

不是游戏，现实中我们真的会受伤，会痛苦，逝去的也不一定有第二次机会重来。这让我感到害怕，我希望一切都是美好的。

出道这么多年里，我经常被问到关于理想对象的想象，像歌曲一样，不同阶段也有不同阶段对于爱情的想法，透过歌曲给出过各式各样的答案。但若要说到理想型，我希望她可以拥有让我崇拜的特质，让我产生好奇，让我想要学习，就像我热爱的音乐一样。可惜，以我现在的工作状态来说，我能给一段关系的自由时间实在有限，除了工作，我几乎没有什么社交活动，更别说要轻易去认识一个新的女生。情感的事，也不是一餐饭就可以解决的。或许我需要一个很爱我的人,很积极地来打破我的限制与心房吧,但这也不公平,跟我在一起的人也太辛苦了,我想到这些都感到心疼。

我早期的歌里,大多表达了我对恋爱的期待和憧憬,期待有人可以发现我那无所不在的爱,《期待你的爱》里唱的就是我对爱情最正面的想象。可是我也和大部分人一样,似乎得是在真的谈过恋爱之后,才会觉得恋爱好像没有这么单纯,对爱情的憧憬也会逐渐破灭。

后来,朋友情感出了问题,旁观的我感到困惑。我不懂为什么他们俩明明已经形同陌路了,却还是拖着不放手,宁愿折磨彼此也不舍得结束这段感情。我那时候就在想,他们如此不舍得分手,是不是就在等,等谁愿意把话说清楚,这段感情是不是就可以挽回?但我观察了很久,发现他们好像不只是不知道怎么分手,他们更不知道怎么把话说清楚。

一字一句像圈套。

是不是每对情侣都会走到这一步,背对背拥抱着彼此,滥用沉默在咆哮,爱情来不及变老,葬送在烽火的玩笑。

林怡凤把我的困惑写成《背对背拥抱》的歌词。

我没办法把每一首歌的歌词背后的故事都分享出来,但我跟一般人一样渴望爱情、友情与亲情的羁绊,

↑ 挑战十分钟画出樱木花道。

而这一切都写在一首首歌曲里面。这些都是现实人生的配乐。

我偶尔还是会画点漫画，但写歌更能描绘出我眼前的世界。我还是会打游戏。在游戏中，我认识了很多好伙伴，我把他们拉到我的现实世界来，打怪通关，克服眼前的困难。

我想，我还是当年的 Gameboy。

还是会期盼在未来会有个懂我，理解我，甚至帮我写故事的伴侣出现。

我们的"最终幻想"。

← 小时候练跆拳道。

Two Heads Are Better Than One
两 个 人 比 一 个 人 好

大多时候，我是享受一个人的自由，但有些朋友，会让我觉得两个人比一个人好。

怀秋就是这样的朋友。

我认识的人并不少，但能真正称之为朋友，并且会私下相约的人其实非常少。

怀秋永远把我当成自己人，这20年的路，他从未缺席过。每当我问他意见时，他诚实、直白地告诉我他的看法，不说场面话，不敷衍。例如当我将歌曲的 Demo 分享给大家时，所有的人都说好听。但怀秋听完后，他若觉得不好会直接告诉我。他明白，我想要更好，而作为一个朋友，能帮助我更好。

不吵架是不可能的。重要的是，吵完之后，就能重归于好，我们两人的情绪都是来得快，去得也快，往往只要三五分钟，最多十分钟。印象深刻的一次争执，是我们在美国拍形象照时意见有分歧，但碍于现场有其他工作人员，我们不吵而选择沉默，冷战。后来，我们一上车就激烈地吵了起来。但到了目的地后，我们都被新奇的电动游戏吸引了，又一起玩了起来，就忘了刚刚的争吵。40 分钟后，我向怀秋道歉，表示自己说话太冲。怀秋也向我道歉。我们拥抱了彼此，就把这事翻篇了。我们都不是想要把负面情绪当存款的人，或许因为这样，记忆中两人在一起时就是要比一个人更开心。

我们之间的默契是，不管是谁遇到挫折，都要陪伴彼此度过低潮。这所谓的陪伴并不是要和对方用同一个鼻孔出气，而是单纯、安静地陪在对方身边，或打电话、听音乐、小酌，但在这过程中都不会针对事件进行讨论，我们在一起并不是为了要解决问题，我们都知道，真正的问题解决者，永远是自己，但脆弱的时候，有人相陪，护卫，支持彼此，才能再出发。

→ 与好友怀秋合影。

记得 2010 年左右，在大嘴巴组合正准备为新专辑进行录音的前夕，怀秋发现自己的喉咙长茧，导致他所有的演艺工作被迫暂停 4 个月。当时，怀秋非常焦虑，我没有告诉他"过一阵子就好了"这样的话。我自己也是歌手，也经历过失声之苦，但那是我，不是他。我不是医生，但我可以做的是陪他到咖啡厅吃饭，两人就这样静静待了两三个小时，彼此都没有说话。这样的陪伴就够了，在这种时候，我们都明白，两个人比一个人好。

后来，怀秋决定转型成为演员，选择到世界各地，如美国、韩国，还有北京等地上了两年的各式表演课。有一次，我在演唱会跟发片的空当，跟他一起去好莱坞上课，两个月，周一到周五，从早上 8 点到晚上 6 点半，排满了密集的表演课程，去的时候我们都将近 40

岁了，但我们知道我们还年轻，还是有一样的好奇心，我们都想要往更好的自己转变。这两年，怀秋几乎推掉了所有的工作。对于这个决定，怀秋内心很挣扎，担心会被观众遗忘导致演艺事业中断。但对于怀秋的选择，我没有多问，只表示理解。学完表演后，怀秋有一阵子苦于找不到想要的工作或角色。我跟怀秋说不要多想，我相信他总有一天会成为一个很好的演员，而他现在也成为了一个备受观众肯定的演员，我很替他高兴。

我们并不是那种陌生老朋友，我们常见面，有趣无趣都要聊一聊。我珍惜这份无聊，有深度的无聊是一种相互之间的了解，是一种安慰。

我很庆幸有怀秋这样的朋友。

→ **怀秋说**

　　我认为 JJ 是个孤单的人。JJ 报喜不报忧，思维跳跃，想到要做的事情，就会去做，执行力满分。对此，我自愧不如。我们经常聊到感兴趣的话题，差别是 JJ 会想办法去执行，去跨出第一步，哪怕这些领域对 JJ 而言是完全陌生的，像电竞或潮牌，但他愿意尝试，这让他变得更为孤独。因为一旦跨入新的领域，他就会面对前所未有的困难，身旁的朋友谁都追不上,也不一定能理解或帮得上忙,困难需要他独自克服。甚至在音乐上,他想要的也并不是大家在 KTV 一定都会唱他的歌,而是希望可以和大家分享他的理念。

JJ 做的事,无法被所有人理解,例如在组建电竞战队这件事上,培养一支战队要付出的辛苦绝对比想象中要多得多。负担吃住、薪水,队伍还得配教练等,这些都不会是简单的事,但他就是愿意为了心中想要完成的事和梦想去投入、去牺牲。不一定每个人都能看见和理解,他自己也不会挂在嘴边。

在音乐上,哪怕是像演唱会这样,对他来说是日常的工作,他投入的时间和精力还是很多。演唱会时,他在两三个小时内享受了粉丝的欢呼,他感到热血沸腾,付出的一切,有了收获,心是满的。但演唱会结束后,当他回到房间后,他还是难免地会觉得空虚,感觉就好像前面的两三个小时都是梦,因为这份开心没有人可以分享。

在我出道前,曾经和他一起去西门町看电影首映。JJ 开车载我,两人上车之后就光顾着聊天,也没有注意车子的去向,直到两人遇上堵车,我才突然发现车子正往反方向开,那时我们已经在永春站附近了，而当时离电影放映只剩半小时。我提议JJ停车，搭捷运蓝线直接到西门町，那只需要8站的路程，这样就能赶上电影开场。JJ听完后表示，他从来没有搭过捷运，有点担心。我听完后，给JJ打了一剂强心针，表示自己时常搭捷运，让JJ放心。后来，我们一同进捷运站搭捷运。那是社交媒体还没流行起来的年代，但从JJ进入捷运站开始，就被粉丝认出来。粉丝都涌过来向他要签名，想和他聊天，甚至原本没有打算搭这班车的乘客也通通冲上车，场面十分混乱，连我都害怕自己会受到波及。那8站捷运的时间是我在捷运里度过最煎熬的一段时光。我那时就在想，万一JJ出了什么事，我就该负全责。

我当然明白作为艺人，受到这么多瞩目自然是好的，但当时的我看着JJ，却突然觉得有些心疼，觉得他好像没有自己的空间。JJ在亚洲地区其实很难一个人出门，因为他只要一出门就会被人们认出。

我希望JJ能够过上平凡的好日子，这是身为好友的祝福。

痛 苦

Pain

Pain: Taking It In

Still Moving Under Gunfire

Still Moving Under Gunfire

Where the weak lie

When no one's beside

I will fight, till the end times

Till my knees cry

I'll get up, get up

逆境是让人成长的开始。我永远记得，那关键的 100 天。

2009年创作第7张专辑期间，歌唱表演非常忙碌。有一天，我突然无法发声，咳血，不仅唱不出歌来，连话都没法好好说。这对一个以声音作为艺术核心的创作人来说，是最可怕的梦魇。当时去医院检查，说是太过劳累导致声带受损。医生发出"禁声令"要我休息，除了无法推辞的歌唱表演之外，连话都不能说。说不出口的苦，让我过了一小段苦中作乐、比手画脚的日子，但艺人的时间表是没有喘息空间的，那些排定的计划并不只牵涉到我，还有许许多多参与其中，靠这工作生活的人，我无法停。结果，北京站演唱会勉强上场，唱到完全没声音，公司跟我都知道，这是尽头了，我们尽力了。不能唱歌的歌手能怎么办？我回到新加坡，所有的工作都停了下来。当时的感受，像坐在一列疾驰且没有终站的拥挤列车上，突然被拉下紧急停止闸，被迫下车的只有我一个人。环顾四周，我是回到了家，心情上却像是来到陌生的车站，看着列车重新启动前行。我却不能再上车，手上的车票已经宣告作废，其他的创作者还在那列疾驰的列车上，而我就要被远远地抛在这里了，该怎么办？

我接受医生的建议，接受治疗。但是我明白在这马不停蹄的日子里真正损害受伤的不仅是声音，还有我在这些年配合的各种行程、安排与他人的期待，不知不觉，我也受了伤。那个伤是在心底，藏在别人看不见的地方，是沉默的兽，连哭泣的声音都没有。或许是受伤的我抗议了，不想再说话。

我独自一个人在医院里，想着从出道开始到现在，我被迫停了下来，到底自己完成了什么？走到了哪里？设想着最糟的状况，如果我真的无法唱歌，未来的我，将是一个什么样的人？

那是我面对的第一个人生低谷。我明白自己一旦失去声音，那眼前我所有拥有的一切也会在一夕之间离自己而去。现在拥有的一切，都不是理所当然的。

我会被忘记吗？

第7张专辑该怎么开始？

出道后的那些年，唱片公司主导了歌手对外的形象以及创作策略，公司打造的我就是"乖乖单眼皮"的形象。过去的每张专辑都是根据趋势，围绕着一个主题，可能是一本书，或是一部电影来创作。也许选题很棒，面对市场的策略也正确，我跟团队一起做出了很多不错而传唱于世的热门歌曲，但是我觉得可惜的是，许多人有印象的都是好听的歌曲，而不是我——林俊杰。对于任何一个有创作企图心的歌手来说，这是认同危机。创作专辑《西界》时，我放入了更多创作元素，更前卫，但歌迷感到困惑，他们觉得不熟悉，这是印象中的林俊杰吗？对歌迷来说，他们更喜欢的是《豆浆油条》这样的歌曲，豆浆离不开油条，让我爱你爱到老。我明白这是首很甜的歌，我明白大家喜欢的理由，我们都想在乖男孩的美妙歌声的许诺下拥有一辈子暖暖的好。我在原有的路子上能诠释得很好，创造公司跟歌迷都爱的双赢局面，但仍旧解决不了我对于自我创作定位的迷茫，这就是我的极限了吗？我只是个唱抒情歌曲好听的歌手吗？上天给了我一个最残忍且直接的考验——夺去了我的声音，让我一无所有，停下来，好好地，认真地想一想。

我身为一个音乐创作人，不可取代的特质到底是什么？

那几个100天，我，内心战火连天，却哑口无言。

不安的我，想说的话，只有用钢琴来描绘内心世界，我好像在琴声中又慢慢地找回跟自己对话的力量。

我记起那些学琴的日子，用琴跟其他人沟通的快乐。我对世界的提问，就像作家用笔，而我选择用钢琴，一键一键敲出我跟世界的联结。

Still Moving Under Gunfire.

一键一键，黑与白的交错，我用音乐迈开脚步，即使烽火连天，我不会停下来，音乐可以带着我继续前进。

在无法发声的日子里，我用手指在琴键上行军。

关不住了心跳鼓声，咚咚咚，我无法克制自己忍住，和世界反目。

我在音乐的路上选择了一条最难的路，我不怕。我让念头奔驰着。

我不怕在音乐里面找来属于娜鲁湾的歌声，一瞬间仿佛置身于自然山林间，我想守护这份山林、大地，还有母性的

↑ 2009北京首都体育馆演唱会歌单。唱了新加坡、北京场后，声带受损。

力量。

我不怕寂寞了。坚强是我的天分，下一个会更好的。我不怕受伤，我只怕没有尝试去爱，没有尝试的机会，一个又一个。我可以谈情说爱了，两个相爱的人却总是背对背的拥抱，无法拥有面对面的幸福，该怎样？即使看不见，背对背，也要在心底跟自己爱的人拥抱。我可以玩点 RAP，来点爵士，唱我熟悉的英文，重点是这都是发自我内心的音乐，在最沉默的时光里，在心底唱得最响亮。短短的 100 天，我写完了一张专辑。

我当然可以是"乖乖单眼皮"，我不否认我有纯真大男孩的那一面，我还是可以开心地唱着《豆浆油条》《小酒窝》。但我不只是那样，那个答案也无法由他人来回答，只有靠我自己重新站起来时，才能够发现。

就这样，那既漫长又短暂的 100 天，我失去了声音，但我拥抱了一切，感受音乐与我自己真实地融合在一起，过往无法轻易融入的各种音乐元素跟节奏，因为不再是外在强加的包装，而是我自己融会贯通的领悟，感觉到自然后，反映在歌迷的接受度上也同样自然，他们接受了我这样的改变，可以是前卫的、变化的、捉摸不定的林俊杰，但不会是别人，我找到了我自己的定位与风格。

什么是生命中的美好

轻易放掉 却不知道

幸福就在下一个转角

说一声加油 一切更美好

——《加油！》

加油，我重新获得了力量，我可以用歌曲为那些需要在逆境中重生的人加油。

那一年的金曲奖，我因为专辑《100 天》入围了最佳男歌手，重生的歌声获得评审们的肯定，我很开心。但不仅如此，我尝试挑战演唱女歌手的组曲，以女人心来演绎歌曲。我好像透过琴键与歌声，跟其他的创作者有了更深沉的音乐

对话，我非常享受那样的过程，是一种新的感受。我不再是单纯的诠释者，那个乖乖单眼皮的小男生变成了成熟的男人，对这世界的理解不再虚假，不是包装，是出于内在最真诚的体会，可以是残酷的，可以是反叛的，可以是世故的，这才是爱情的全部。

许多人是在失恋中，感受到存在感，而在失去爱情中成长。我则在差一点失去声音的100天里，重新找回自己对音乐创作的热情与初衷。即使那一年，我最后没有拿下最佳男歌手的奖项，但对我来说，只要继续弹琴，继续前行，我相信这个世界会给我最好的回应。

Still moving under gunfire

In the night sky

Where enemies hide

I will fight, till I die

Till the Morning Light

And Sunlight will shine on me (yeah)

Holy, Holy ...

That Sunlight will shine on you

Just you, and me

Sunlight that comes from You.

—— 《*Still Moving Under Gunfire*》

↑《JJ陆》宣传期歌迷见面会节目录影。

Non-Hero
Non-Hero

No one cared who I was until I put on the mask.

超级英雄的片型，我们看的不是他有多厉害，而是他有多接近平凡人的苦恼与苦难，但隐藏在面具下的他，往往是经历了一番考验之后，我们还是无法看清他的真面目，他甚至可能永远都不会被理解，这是属于英雄的悲剧。

但他依旧得披上披风，戴上面具，遂行他的侠义。

当我们被欺负时，或者人生中遇到不公不义时，我们都期待这样的面具英雄能拔刀相助来拯救我们。

在这样的英雄群像里面，我比较认同的是蝙蝠侠，我还为此写了一首黑暗骑士的歌，黑夜的黑不是最黑。

大多数时候我也不需要穿紧身衣外出，在深夜小巷里面执行正义的任务，顶多是跟朋友变装出门去吃宵夜、看电影、开跑车等。我想我可以认同的，是他那深沉黑暗的愤怒感，却深埋在无从述说的寂寞里。

我的麦克风，站在舞台上的包装与形象，还有音乐，都是我戴上的面具。只有戴上了面具，成了众人面前的林俊杰，大家才能静下心来听我的话，他们在乎的是在舞台上的林俊杰。

但面具下的我，并非超人，也是会受伤，会愤怒。

小时候我曾被欺负，遭受过精神上的霸凌。我是一个没有自信的小孩，沉默，容易被误解，加上外表没有侵略性，所以大家都会觉得我很温柔、安静，甚至是好欺负。

长大后，即使到现在，成了歌手，类似的事情还是会发生。小时候面对的是言语霸凌，而长大后则是面对网络霸凌。

是的，我会感到愤怒，不平衡，但我很少直面反击，不是不反击，而是用自己的方式在反击。我记得曾经到好莱坞上过为期一个月的表演课，有一堂课需要同学们即兴发挥互呛。当我在跟老师练习时,老师突然呛我,说出"You're soft strong",亦指我是用自己的沉默、表现和方式去反击。当时这句话一下就击中了我,原来老师能理解我的这一面。但我会把这份愤怒转换成创作吗?

　　我不会,这或许是动机,但不是素材。创作是需要美学转化的,需要距离,需要沉淀,而不是直接用暴力。

　　我不会将负面情绪直接写进作品中,我需要先消化这些情绪,才能写得出作品。在愤怒的状态下,我是写不了的。最痛的时候,我也写不出歌曲。创作是当我回神之后,那一口能喘过来,生存下来了,才有下一步动作。

↓《交换余生》MV,
我与阮经天。

尤其是愤怒。在愤怒的状况下，我几乎动弹不得。

我会在悲伤的时候、难过的时候写歌，开心的时候也会写歌，但在生气的时候、愤怒的时候，我不会写歌。

对我来说，歌曲不是武器，不是暴力。

这一切都是修炼出来的。

我在20—35岁之间，有过一段比较冲动的时期。当时我敢讲，敢开玩笑，但现在的我不会再这么做了。大环境不一样了。我必须要为自己说出口的每一句话负责，承担风险。这并不是指我害怕了，而是更谨慎了。如果我还想要当歌手，我还想要成为别人的榜样，我就

必须这么做，而不是因为旁人的煽动就与人争论、冲突。我应该更聚焦在自己的创作里，用更好的作品来回应这个世界，而不是单一的问题，或者一个对象。我认为我的音乐绝对比我说出来的话更直接、更大胆、更透明。因此，才有机会通过音乐来展开对话。

有一段时间，总有人会骂公司，所以我才说了一句"公司就是我，我就是公司"，我们团队伙伴受伤，我不能保持沉默。

对我来说，我们就是团队，这是我自己的公司，我自己的品牌，因此当他们在骂公司的时候，其实就是在骂我。现在他们知道了，干脆直接骂我。但对我来说，他们骂我，也就是在骂他们自己，打他们自己的脸。因为他们都说自己是我的歌迷，既然是爱我、疼我的歌迷，怎么会舍得用这样无情的方式来攻击我呢？

有些人会说因为我宠粉，歌迷不怕我，才造成有些歌迷有时候会踩到我的头上的局面。但这点是不可能改变的，我本来就是这样的人，我不可能突然改变对待歌迷的态度，我只能选择做好自己，把握好原则。

经过了20年的历练，现在的我想做一些新的尝试，但每个尝试都要面临歌迷重新适应的挑战。

不适应的歌迷，很容易转化成愤怒，而我就得去承担这份风险。

例如这次让蔡宥绮来当演唱会嘉宾,许多歌迷无法接受。他们都有各自的看法,有人觉得新人不应该站在这么大的舞台上,有人觉得他们花钱买票是来看我而不是看她的。反正有各种理由来质疑我,仿佛我做了天大的错误决定。

在演唱会的筹备过程中,我需要做一个决定,是不是要把一个还没准备好面对跟我一样压力的新人放在这么大的舞台上?但我觉得这是最好的机会,再也不会有更好的机会让一个新人可以通过舞台来证明自己。她所面对的就是这样一个新的世界,她需要尝试面对舆论。我自己亲身经历过,在现在的大环境下,如果无法承担这份压力,将难以在业界生存。即便如此,我还是担心和紧张的。因为是我让这样的一个女生,一个我本来就知道她容易受伤的女生来面对这一切。我相信并且欣赏她的音乐才华,所以我只能希望她勇敢一点。世事多变,我无法保证一定会成功。但只要跨出去,Still Moving Under Gunfire,这是我的信念,未来,她一定能跨越每一次的挑战。她迈出了第一步,不论她再不自信、再害怕都好,她都站上了"JJ20"世界巡回演唱会新加坡站第一场的舞台。

我没有逼迫她做这件事,甚至当知道她要面对这一切时,我都有点心疼。我跟经纪人争执了好几次,想说不然不要再让她上台去面对这些压力了。可是最终,我还是觉得,我要帮她打新歌,而这就是最好的机会。

我没有离开舞台,我选择和她一起待在舞台上面对这份

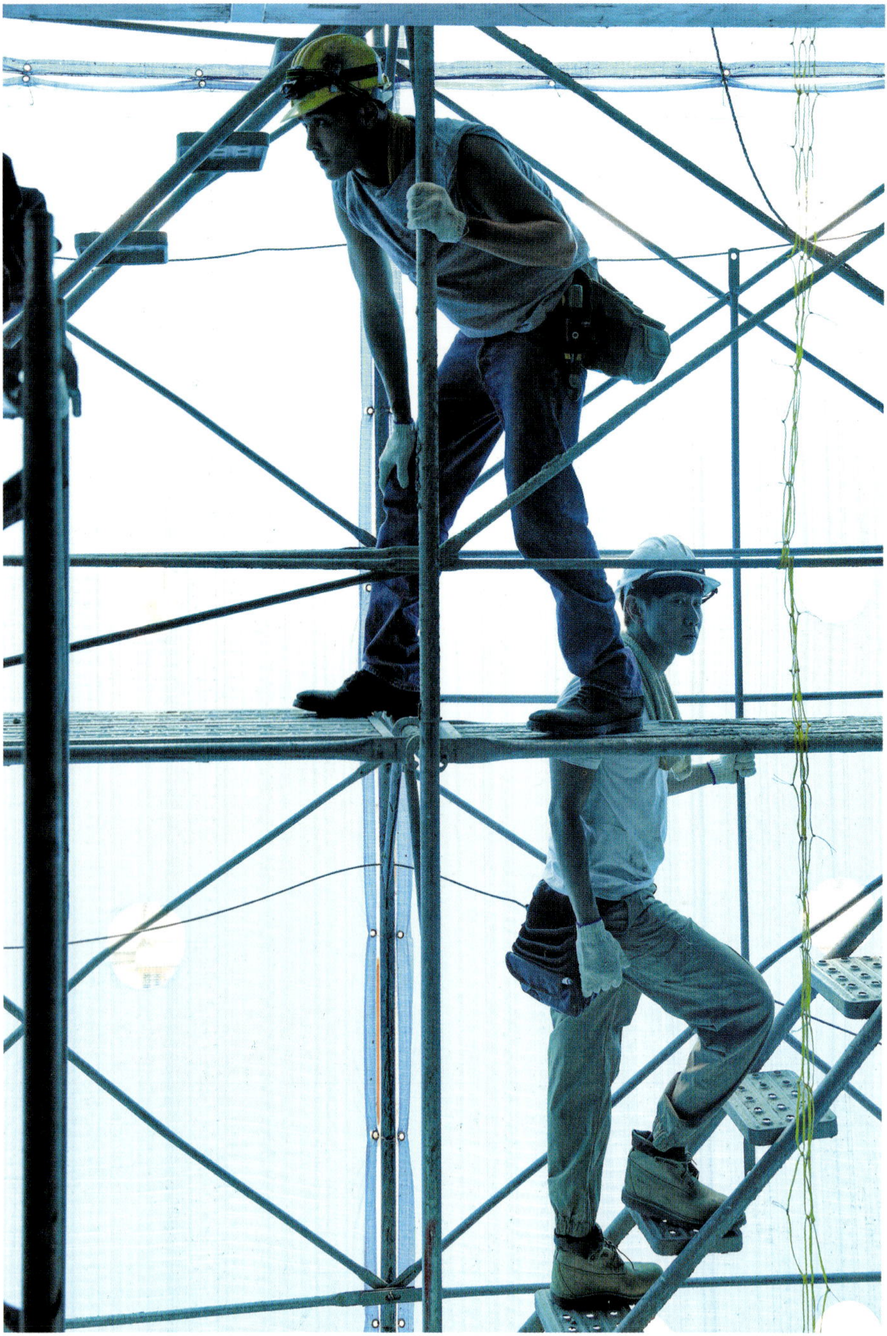

压力。

　　有一部分的我,是不会改变的。我还是希望葆有我对这世界的风度、礼貌、友好和乐观,我会学习更诚实地去面对自己,并且支持自己相信的人事物。

　　我会用行动来证明自己,在黑暗中呼唤黎明的出现。

　　It's not who I am underneath, but what I do, that defines me.

Who Would Treat Loneliness as Entertainment

谁 愿 意 拿 孤 独 当 娱 乐

我把一切的寄托、希望、能量都放在音乐里，我认为这就是定义自己最重要的东西。

音乐是我这一生的动力。我把灵魂交付在旋律与音符里，跟大家在歌曲中对话、共鸣、疗愈，感受着对生命的热爱、心跳，这样就够了。下了舞台，放下麦克风，自己快不快乐，寂不寂寞都不是最重要的，一切牺

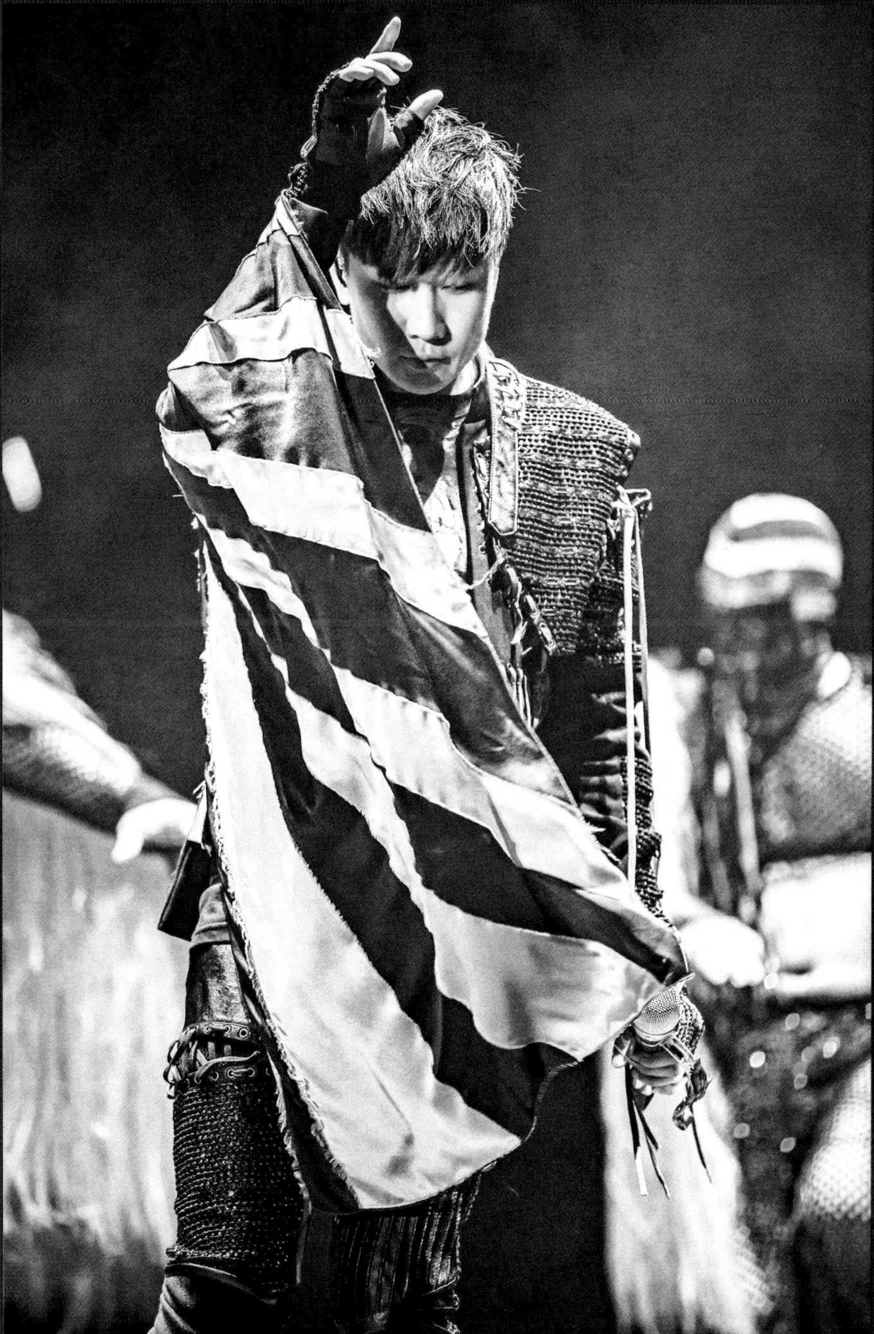

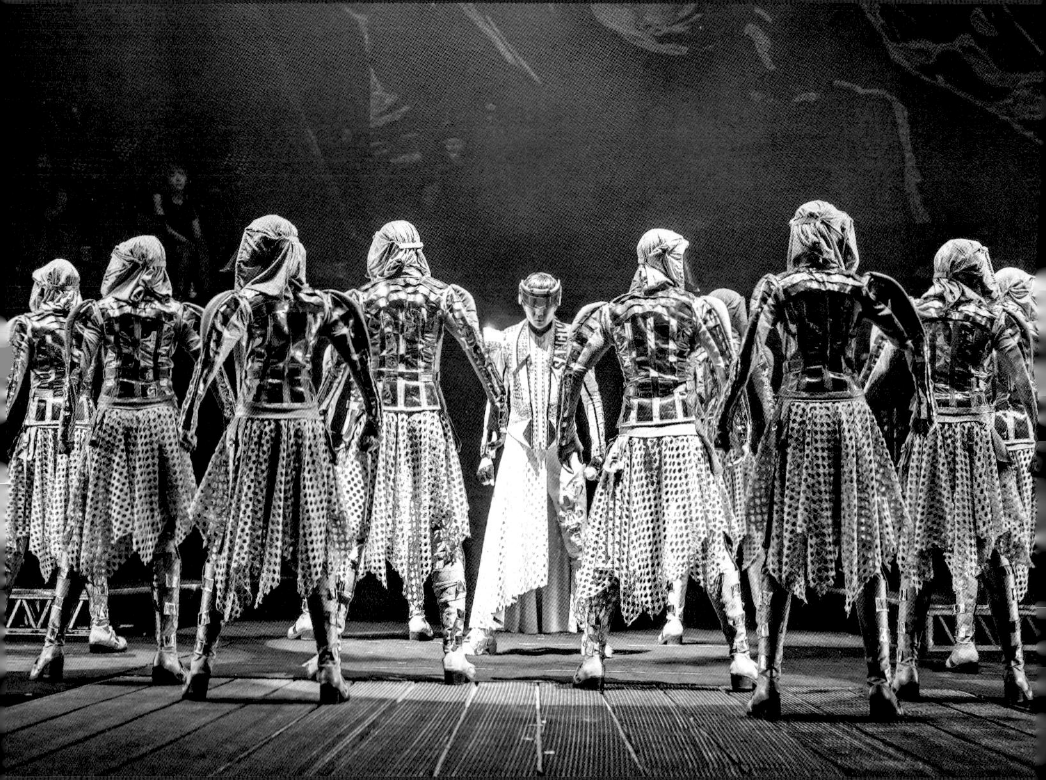

牲都是值得的。

当我把这任务、群众、歌迷和这些人的灵魂当作人生寄托时，这几乎算是一种信念。但一瞬间，就像无预报而骤下的雨，我的世界突然背叛了我。他们撑起了伞，说我遭受的这一切都与他们无关，我只是他们人生里茶余饭后的话题，用来说笑的谎言，娱乐版面上的新闻，排在日常衣食住行需求最末端微不足道的艺人。

这一瞬间，我被打醒了。

我是艺人，但也是普通人，跟你我一样，会感到愤怒和生气。

当我想要发泄的时候，身边无人能懂。身为公众人物，甚至很多时候想说的话也无法说出口。我只能永远做自己最该做的事，不做不应该做的事，这是我给自己的期许。但这不代表我不会生气，也不代表我没有想过要放弃。

坦白说，我感觉很受伤，而这些伤我最深的人，可能是我最在乎的人，口口声声说支持我，口口声声说会陪我到老的歌迷们。

是我把自己看得太重了吗？
还是我太把自己当回事了？
难道我对大家来说，只是那耳熟能详的旋律或嗓音？

"行走的 CD"，是个赞美，但此刻让我感到讽刺。我追求完美，但我不是机器人，或某个能够重复回放的功能键。

不论我发生什么事，他们的生活、家庭依旧圆满。哪怕没有我的歌，没有我的音乐，他也可以换一首歌或换个歌手来听。

我如此重视这一切，但换来的是一瞬间，可能什么都不是。

因为一个新闻、话题，甚至是谎言，毫无根据的说法，就跑了。

可他们跑了，我的世界就崩塌了。

我相信，绝大多数的歌迷朋友都是真心实意替我着想，真心为我好的。或许只是世界的讯息变得越来越难轻易相信与理解，我发现，当我真的需要被信任的时候，几乎没有人是能够真正停下来倾听和在乎的。说到底，他们更在乎他们自己，在乎的是我没有破坏他们心中的"林俊杰"。在乎的是他们心里对我的想象，他们需要的是亘古不变的、没有任何瑕疵、不能有问题的"林俊杰"。

我不是要求每个人都盲目地相信我，只是看到这些歌迷朋友在知道这件事后的反应是，"哇，原来你是这样的林俊杰"，而对号称"陪着他们长大"的歌，弃如敝屣，再也听不下去了。这些话一字一句刺在我心里。

我为什么不解释？很多人说，我不站出来，就是默认了指控。但我知道我是什么样的人，我没有隐藏，还需要解释什么？

有段时间，我不知道应该怎么去面对这一群我所在乎的人的"背叛"，我的精神寄托被偷走、消失、归零。我要面对的不仅仅是有心人士刻意的抨击和打压，还要面对我一直以来自以为很爱我的一群人的怀疑与指责。

我是敏感而脆弱的，即使大多数时候我都坚强地站在风口上，继续唱着歌，践行我的使命。琴键还是一指一指地演奏着自我的对话，唯一不变的还是音乐，但愤怒、悲伤，不会停。

直到现在，我的世界都还没重建好，或者说，我的这个疑惑直到现在，都还没有得到解答。也许终究不会有解答，它就是难解的人生课题。

这 20 年来，我把音乐看得很重，我把所有力气都专注在这件事上，包括我的时间、安排、选择、投资，可以说我的全部都在这里。因为这是我在人世间觉得真正有意义的事情。或许，世界本来就是这样的，它不会因为你比较努力或是你没那么努力而有所改变，一切改变就只在一念之间，来得措手不及。

我会问我自己，该怎么面对？要怎么继续？还要继续吗？还是就这样算了？

或许，就是需要时间吧。20 年的风风雨雨，不是没有疑惑和恐惧，但我还是继续唱着，写着，这就是我面对的问

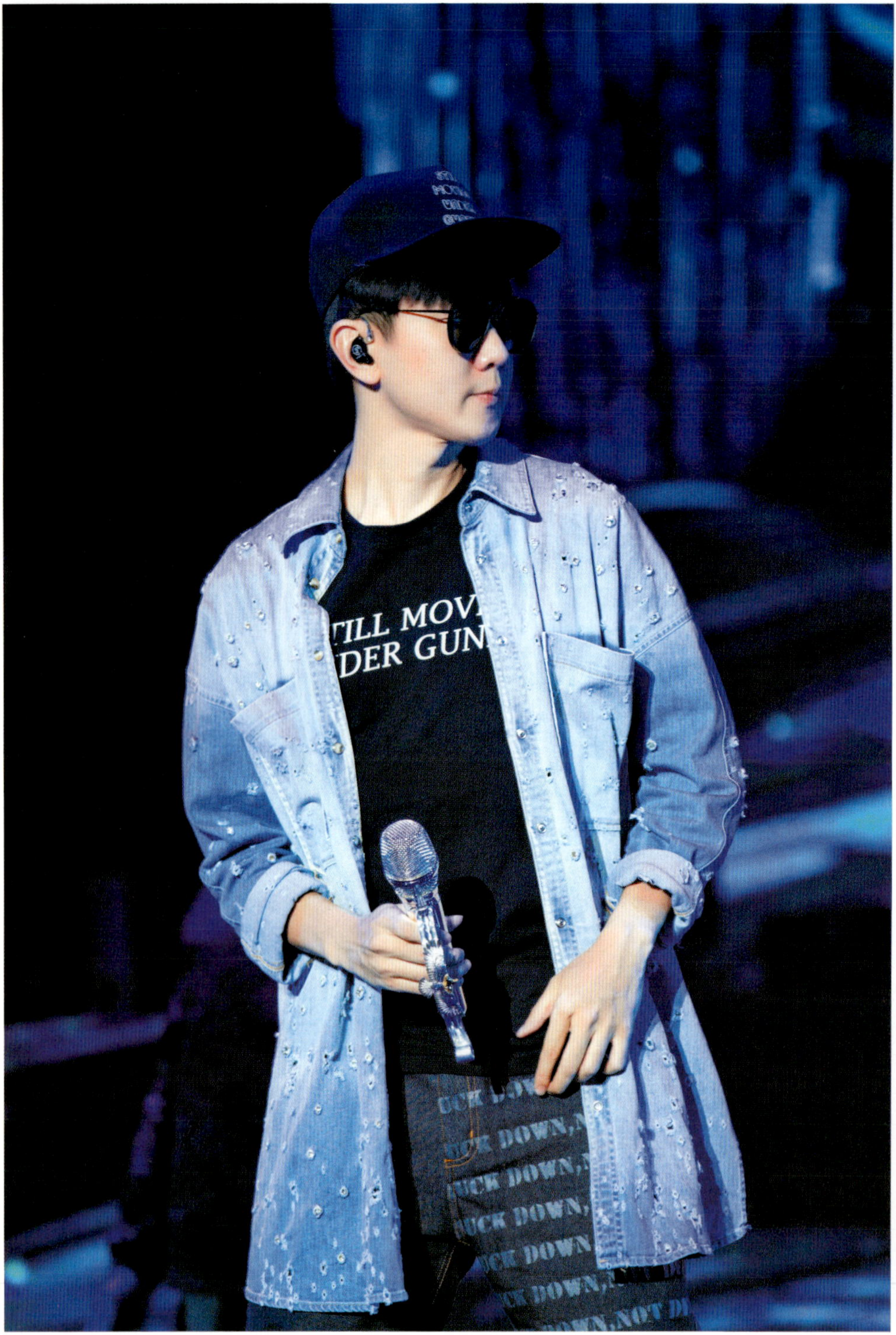
TILL MOV
DER GUN

题，面对自己最诚实的方法，别无他法。

在这次演唱会的过程中，我唱每一场的时候都会想，歌迷选择来看我的演唱会，选择听我的歌长大，那都是陪伴他成长的一个过程。

回到歌者、创作者或是艺人的角度去看待这些事情的时候，这个选择就是我的全部。我的人生除了它就没有别的了，真的没有别的了。当然不是每个人都是这样，可对我而言，我的孤独就在于我的这个选择。

我让音乐成为我这 20 年来的全部，未来也是。

娱乐是选择，孤独也是。所谓的痛，是我必须为了这个选择去承担的所有后果。我的选择造就结果。因此当你问我快不快乐的时候，快乐和痛，它是并存的。它们彼此之间在对话，所以在这个时候，在这首歌里，我唱着，你听见了，痛反而会心疼快乐。

如果把痛当成一个自己，快乐当成另一个自己，那痛的 JJ 会告诉快乐的 JJ，"I'm sorry man，我现在比你行。至少我诚实，我承认。快乐，你输了，因为你是假的，你是虚的，因为你不快乐，但你还是笑了，that's fake。"

因为如此，痛才会一直往下掉。这个痛是没有解药、没有希望。《孤独娱乐》不是一首温暖的歌，我在唱、在写这首歌的时候，我没有感受到一丝温暖，因为我看不到希望。为什么要宣泄？为什么听起来这么惨？都是因为在当下，我找不到希望。

但是当这歌完成了，唱出来了。对听众而言，这首歌就有了不一样的意义。

它或许可以让听众和我一起取暖，因为我知道这世界上一定有和我一样的人。我们之所以能一起取暖，不是因为我们找到了希望，也不是因为我们找到了解药，而是因为知道世界上有和我们一样痛的人。我现在需要的是找到这个和我一样痛的人，我想知道，他在哪里？他会是什么角色？他会是什么身份？他会经历了什么？他的心情、状态会是怎么样的？这是我非常渴望的，也是我仅有可以发挥的。

唱出来了，才醒悟，原来歌迷在我眼里是这么重要，重要到我会因为他们而感到破碎、无力。原来我最受伤的几个瞬间，都与他们有关。他们对我而言早就不只是"你支持我的音乐，我感谢你"这样的简单关系，而是我的精神支柱。

上台前，即使只有短短不到一小时的时间，我独处、沉淀，把这些感受都再来一遍，不再逃避，鼓起勇气，跟着前奏音乐，向前，为了跟我一样孤独而想继续战斗下去的人。

巡回演唱会，是一趟很长的旅程，我再次站在舞台上，代表我今天又闯过了一关，跟每个一起听着歌的你一样，我是真的想过。

其他不说了，真心的你懂得。

↑ 骑摩托车载爸爸兜风。

Simply Complicated
简 简 单 单
不 简 单

　　家里多了一个成员——小公主 Charlotte，我正式当叔叔了，很开心。

　　说起来，我对抱小孩是颇有经验的，因为身边的朋友几乎都有小孩，而我都是在他们刚出生的头几天就抱到了，还成了干爸爸。我是喜欢小孩的，习惯陪伴小孩长大。但这次，当我把侄女抱在手中时，感觉很奇妙。她是我哥哥的小孩，我们之间多了血缘关系，特别梦幻。同时,我妈一直说这小孩的眼睛和嘴唇都像我,简直一模一样,甚至比和我哥哥、我大嫂还像。所以看着她的时候,就会萌生"哇,我们有一样的基因,我们是一家人"的感受,这是最纯粹而简单的幸福。

我没想过拥有自己的家庭吗?我当然想过要有自己的孩子,但我不能操之过急,我不想为了达成目的,就急着找另一半,然后结婚、生小孩。虽然我已经到了当爸爸的年纪,但我规划的生命阶段还没到,我不能急,也急不来。加上我有个原则是,不想在最忙的时候定下来。按照原计划,我会忙到2025年。我也会在忙演唱会的过程中调节自己,逐渐习惯这样的节奏,学习分配自己的时间。或许到了那个时候,我可以找到办法平衡这一切,能有时间让我关注自己的生活。

如今,我跨过了职业生涯的第20个年头,我想,最大的人生调整是,即使现在再忙,我也尽量安排跟家人多相处的机会。他们是我最坚强的支柱,同时提醒我,我有多想要一个家。

我和大部分人一样,需要爱情,想谈恋爱,向往婚姻跟家庭,但如果自己真的步入那个阶段,之后的人生会发生什么变化?我不希望牺牲现在想做的事,因为还有好多没实现的愿景,我担心自己有限的精力难以兼顾,最终会两边都靠不了岸。我的个性是一旦有了家庭,我会专注在家庭,把时间都留给家人。家应该是安定的，不是流浪的，我无法想象我跟孩子会过着住在旅馆调时差的日子。

对我来说，停下忙碌的脚步，就意味着不写歌，不开演唱会，不开公司，这样才有可能真正停下来，为所爱的人付出。

有爱的人愿意陪在身旁，真的很好，但也需要顺其自然，我做好了在这时间维度里必定有所牺牲的心理准备。现实里，人没办法像电影里拥有多重宇宙的选项，此刻的我，就是个每一天都处于备战状态需要面对舞台的专职歌手。

仔细想想，如果跟一个人有牵挂，谈恋爱，即使我唱了这么多情歌，面对复杂的情感问题，我还是时常感到不知所措。从小到大，我一直都有社交障碍，别人误以为大明星的日子光彩亮丽，演唱会后，甚至休闲生活里也是丰富多彩，但我本来就不是那个会在派对里面时时刻刻都感到自在的人。大多数时候，我是维持着友好的礼貌，不希望给别人带来麻烦。搞笑，或者耍宝都只是一种姿态，我希望朋友们都开心。就像我站上了舞台，追求完美主义的我就希望歌迷们都能得到最好的音乐体验。但下了台回到房间，独处时，自己是自由的。自由，也意味着一个人才是真正的自在。这或许很矛盾。我不想被约束，不论是在感情、家庭、友情中都不希望被束缚着。这并不代表我不愿意付出，我很乐意分享与付出，但并不想变成一种交换。我想，我是害怕牵绊的。

→ 我和哥哥小时候 vs长大后。

简简单单地爱过,其实一点都不简单。

现在忙碌而多变的音乐创作职业人状态中,我难有机会有时间和人走太近,一旦关系太靠近,我会需要保持距离。我想这对于任何一个想跟我在一起的伴侣来说,都是挑战吧。或许,关键点还是在于,是否能碰到对的人。而我需要找到让自己舒服的相处状态,才有可能迈入人生的下一个阶段。

↑ 小时候vs长大后。

　　在找到答案之前，在爱的这一题上，我是不会将就的。

　　在家人的眼里，他们是担心我的，这我明白。

　　以前刚出道的时候，我爸爸出于关心一直照顾我、提醒我，给我分享很多的经验，我很感谢他，但所有的事情，我始终还是得自己去面对。我已经43岁了，我也必须要准备好，有一天可能当爸爸这件事。

Road to JJ20

这可能是我抱着哥哥的孩子时，心里最触动的一部分，我到了这年纪，不仅是事业上的新阶段，人生也可能会有新的挑战。

这也是我在新专辑中，尝试以一种很诚实的态度去讨论孤独、快乐的重要原因。

我摊开了双手 你予取予求 直到你想自由
痛苦的时候 我不会闪躲 就像树叶甘心为春风吹落
只是简简单单地爱过 我还是我
简简单单地伤过 就不算白活
简简单单地疯过 被梦带走
当故事结束之后 心也喜欢一个人 寂寞

——《简简单单》

新专辑的发行，演唱会的启动，世界纷纷扰扰，过去常常让我感到愤怒的事情又再度发生，我明白每个人都必须先照顾好自己，才能照顾好别人。

这么多年来，我努力地扮演艺人、创意总监、歌手、大家长、生意人等角色。可是这些角色里，就算是包含了梦想，也没有一个是单纯为了我自己一个人而设置的。

一直以来，我都没有好好地对待自己。

所以我更不可能有机会认真地想自己人生的规划是什

么。我不可能去思考成家的可能性，因为我从来没有真正地过"生活"，我的每时每刻都是为了工作而存在。

我认识的一些艺人朋友是会将工作和私人时间清楚划分的，他们至少还能拥有某种程度的上下班生活。但我的界线一直都很不明确，哪怕在我的私人时间，我也会不停地思考还能做什么，我还能计划什么。

当然，这是自己的选择，而我也清楚不能再这样下去。

我需要给自己更多的时间，需要更坚持地去做调整，否则很容易就会被大环境再拉回到以前的工作状态。因为身边的人或许会替我想，或许也会告诉我应该怎么做，但他们无法替我做这件事。哪怕是简单的"多休息"，也只有我自己能判断什么时候才算是休息。

对我而言，睡觉不是休息，我需要的休息，是专属于我自己的独处时间与空间。

现在的我会对独处这件事更有需求。

身边的人，甚至是家人或许都无法完全理解和体谅我，他们会担心我是不是因为心情不好，才总想要一个人待着？但其实不是的。多年积累下来，我无法拥有的独处时光，让我的内心变得不健康。我太习惯长年的高压工作，这些高压工作也包含长时间需要跟很多人协调的工作，我的时间跟空间是拥挤的，永远都有人占领，为了往前推进度，我会让出原本属于个人的时间与空间。看起来好像无妨，长久下来就像身处一个永远在奋战的军队一样，而当我职位越高，面对的战场越大时，我就越不可能从日常里脱身，时时刻刻都有人会问我的意见，需要我的参与，一直忙碌，但时间跟空间都不属于我。停下来时，就会感觉自己被掏空，好像看不见我自己，感到空虚而疲倦。

我很少把"累"说出口。我的累大部分都是心理状态上的累，而身体上的累就是生病了。多年的演艺生涯让我习惯要撑着，艺人本就应该习惯这份疲惫，因为即便喊累，工作还是得完成。

我很少有机会可以真真正正地休假，或是没有压力地放空。当发生一些直击心里的状况所产生的负面情绪，这份累变得难以排解，甚至得到再多的掌声跟肯定，我都觉得不快乐。

我问我自己，怎么过生活才是对的？什么样的快乐才是快乐？所谓想要的重拾快乐，到底是什么？我在做音乐的时候很快乐，写歌的时候很快乐，唱歌给别人听的时候也快乐，但真正的快乐是什么？

我想要重拾快乐，但即使做完整张专辑，我还是没有找到答案。

但我相信要找到它并不难，只要我愿意去调整，我愿意去寻找，下一个 10 年，我还有时间。

现在在演唱会开始之前，我都会要求在上台前至少拥有 10 分钟的独处时间，我不希望看到或接触任何人。我需要调整我自己，保持内心专注的状态，专心面对待会儿的演出，思考要说的话，沉静下来，回归自我，找回初心。我所选择的团队的工作模式，会让我需要亲自把关所有的东西，也只有这样，我才能放心将东西交出去。这或许也是我在工作中的快乐之一，但这么做会很累，所以我才更需要自己独处的时间。

在巡演期间，我尝试单独出去走走，不和任何人交代。哪怕只是单纯地出去晃晃，买杯咖啡，买个什么都好，就是想回到非常简单的生活。或许有的人会认为这件事不可能，认为我一旦在外面被认出来，就会需要助理、保镖来帮忙处理。但我所谓的一个人，就是像个普通人，被大家当作普通人看待。

7 月份我到中国澳门参加"2023 TMEA 腾讯音乐娱乐盛典"的颁奖典礼时，曾一个人出门，还因为走错路，去到了另一名歌手的歌迷聚集区。我从人群中直接穿过，但没有人发现。你可能会说，怎么可能？如果回到真正的自己，就像蝙蝠侠拿掉面具之后的布鲁斯·韦恩。走在路上的我，就像是回到自己出道以前的感觉和模样，所以不会被认出来，即使被认出来，也不会有人相信这是我。因为这不是他们印象中的林俊杰嘛！这是我自己小小的、简单的快乐。

我认为那是让我找回理智的一个方法，否则我可能会疯掉。在这点上，每个歌手都不太一样，有些人很享受和大家在一起的感觉，但对我而言，我需要这样的时刻，这也应该是一个常态，是一种对于爱与幸福的刻意练习。

我的人生没有那么复杂。从 22 岁出道到现在，中间经过了 20 年，但实际上我重复做着自己越来越擅长的事情。假设把我这 20 年来的工作历程通通抽掉，本质上就是我 22 岁的状态，那个刚刚退伍的我。选择走上歌手这条路，我跳过了许多人从学校毕业步入社会后所需要经历的人生阶段。如果真的回到 22 岁，我应该也不知道要怎么生活，怎么找工作。我没有这些经验，我没有打过工，我没有朝九晚五地上过班，我都没有体验过。大家都问我是怎么保持年轻的状态的？可能就是因为，我一直都处在同一个人生阶段里。人生冻结了，一直做的都是一样的事，当个艺人、创作人、新创事业主理人。

或许在我人生的下一个阶段可以有新的角色出现，让我对人生有不同的体悟，这些都说不准，但这也是我所期待的。

等那一天到来，有个对的人出现，我决定封麦不唱了，不当艺人，也不弹琴了，我可以回到这样的生活，回到一个能自己照顾好自己，也有能力去照顾好我身边的人，有我

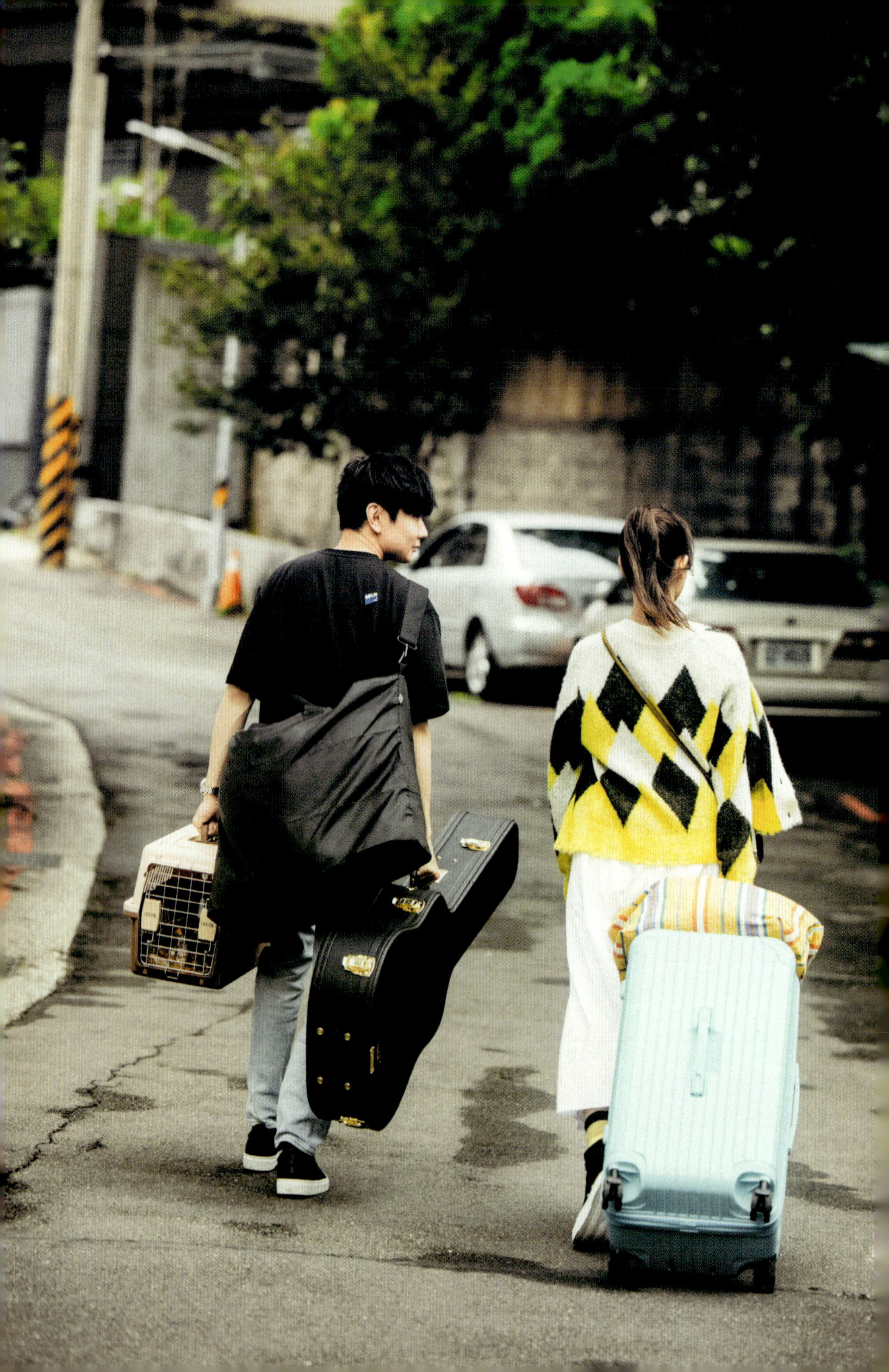

← ↑《一时的选择》MV。

的另一半,我的小孩,我的家人和我的家,只是简简单单的爱。

想要简简单单,但一点都不简单。

Perfect Bangs Don't Exist
<u>完 美 的 刘 海</u>
<u>并 不 存 在</u>

　　我的刘海是我的安全感，因为我觉得露额头不好看，因此经常会下意识地拨弄刘海来维持状态。如果没做造型，我就戴个帽子。造型师曾对我说，我的发量蛮多的，即便不戴帽子也不会露出额头，这样反而看起来更年轻，可是我就是对露额头这件事没有安全感。

　　没有安全感，对我来说是完美主义的反义词。

我是个完美主义者。我在自己熟知的领域上涉入很深，也不轻易放手，但在自己陌生的领域里，我愿意聆听专业的判断。例如，在演唱会的音乐上，没有人能够说服我。别人或许能提出一些意见，但我会掌控最终决定权。可是在演唱会的运营上，我会关心进度，出于好奇心会问，想多了解一些，但相对而言，我是信任工作伙伴们的。

此外，我试图做一个十项全能的工作狂。例如，现在咖啡厅约有 30 名员工。对我而言，咖啡厅这么多员工配置是合理的。但在我自己的演艺事业领域里，我一个人就可以解决许多事，因此若有人提出同样的工作需要聘请 8 个人来完成，我就会觉得这不合理，根本不需要这么多人来完成。团队内的人表示不会做，我愿意亲自教导；若是真的能力不如我，我可以接受几个人一起处理，但至多就是 3 个人一起分担，而不是让 8 个人来处理一件我本可以自己完成的事。因此，经历过 JFJ Productions 一起工作的同事们，多半是十八般武艺样样皆通，后来即使离开 JFJ Productions，也都是能力与品格最棒的工作伙伴。

这也表示，团队工作人员和我一起工作时需要承受很大的压力。龙哥曾说，和我在一起工作最可怕的并不是工作量，而是我挑剔的耳朵。即便在演唱会现场，在那么多音响的干扰下，我还是可以听到音乐里最细微的瑕疵，然后准确地告诉龙哥现在放的是哪一个版本，而我想要的又是哪一个版本。当他们把不同的版本找出来后，大家甚至都听不出这两者间的差别。此时，我就会请大家重复播放这两段音频，反复听，直到大家听出其中的差异。在音乐上，我力求完美，这是无法妥协的，而如果他们听不出来，那我所追求的高度就会受限，毕竟整体的音乐呈现不可能是一个人来完成的，我的完美，也需要大家的完美。

面对音乐，我必须是诚实的。别人可能会问，演唱会上的听众能听得出差异吗？我不知道。唯一知道的是，只要我自己听得出差异，我就没有办法接受一个瑕疵品的体验。当然，只要一拉高标准，那么下一次只有更高的标准。所以，能够跟着我们的演唱会团队，必定是最好的团队。

团队里的伙伴总是对我是否需要睡眠这件事感到好奇。因为我常在结束一天的活动后，在半夜透过短信一口气回复大家所有问题。我会喊累，但我一般表达累的方式是"我这几个月回家没有超过 3 天"。在我喊累之后，大家会劝我休息，不要工作，哪怕给自己放一周的假。听到大家这么说的时候，我会觉得有道理，我真的太累了，需要休息。但隔天醒来，我又会舍不得放下工作，最终还是会选择继续工作。对此，大家也会问我：你到底要的是什么？

我就是不想轻易地放过我自己。

这就是我。

← 在曼谷拍广告。

↑《曹操》MV拍摄花絮。

　　一旦认定一件事，我就会出奇地执着，愿意付出很多让这件事成真。如果仔细研究我发短信的时间，或许会觉得我一整周都没有睡觉。我可能在凌晨 3 点，也可能在早上 8 点发短信，这两件事分开看都是正常的，但当我连续一周既在凌晨 3 点发短信又在早上 8 点发短信的时候，就会不禁让人怀疑我是不是真的一周都没睡。

　　我的执着也体现在热爱咖啡这件事上。我如果在别家咖啡厅看到一台新的机器，在回家的路上就会发讯息给 Derek，请他帮忙找这台机器，将它买回来。Derek 答应后，那我便会隔三岔五询问进度，直到确认 Derek 找到，确认需要等待的时间后，才会耐心等待机器送来。

　　他们都说，这是我的执着。但我更愿意它被理解为坚持。

有时候，我会反问自己为什么要这么累。

但当大家劝我减少工作时，我却不愿意。身边的朋友会告诉我，我已经出道这么久了，足够成功了，甚至不需要这么多钱，这么拼到底是为了什么？我自己也知道，和我同期出道的艺人都开始放慢脚步。过去，或许还有人一直推着我往前，或许是我还年轻，或许是我还在上升期，或许我身后还有经纪公司，但现在，早就没有人在推我向前了，我还是不想停下来。

我心里有个大家都无法理解，只有我自己知道的愿景，一直支撑着我往前进。虽然我会喊累，会怀疑自己，但不让我工作才让我更难受。

过了很久，我才渐渐了解到我是个脆弱、敏感，对情感既渴望又害怕受伤的人，而工作、创作，可以让我通过音乐展现自己。处于创作或工作中的我，是不怕受伤的，因为我有团队，有粉丝支持，我不孤单。这是巨大的矛盾，当我在创作里，我觉得我可以跟任何人沟通，但回到现实生活里，我感到寂寞、不被理解，还有不知所措的孤独。每一个阶段，我都在这样的脆弱里面重新找到出发的愿景，10年前是这样，20年后的我依旧如此。我想，我就是在这样的脆弱中找到了勇气。

《伟大的渺小》，说出了我的心境：没有坚持，渺小也无法伟大。

为了这愿景，我需要坚持唱下去，我知道我还能做更多的事情。

支持我坚持唱下来的动力，是我真的希望能为华语乐坛做出更多的贡献，让华语音乐在国际平台上受到更多的关注和认可。我当然知道这件事仅仅靠我一个人是不可能达成的，我也不知道要怎么做才行，但我还是想试一试，做好自己能做的。在我看来，华语音乐还没有得到它应有的认可，但是世界早已变得不一样了，过去我们可以安慰自己资讯不发达，没有社交媒体，音乐还是区域性的事，但现在国际市场上K-pop已经发挥了它的影响力，那么华语音乐也没有理由做不到。

另一个让我坚持下来的原因，是我的歌迷。

这么多年来，见过很多听过我的歌的人，他们在经过这一段旅程后，人生几乎已经和我绑在一起了。对他们而言，我存在于他们心目中的样子，或许真实地给了他们向上的力量。最近录节目时，有一个惊喜环节，节目组瞒着我从"林距离"的歌迷中选出一些优秀代表，让他们上台分享自己的故事。当我听着他们说是因为我，他们坚持下来，成为医生、研究生和发表了7000余张照片的创作者等各种对社会有用的人时，我才发现，原来我的力量比我想象中要大。原来渺小如我，竟然可以给这么多人助力，帮助他们成为如此优秀的人。我觉得很感动，而且这一切也很真实。

↑ → 与第一代歌迷合影。

我唱的歌大多数是虚构的，歌词一般都是在假设，这些事我不一定都真的经历过，也不一定是我的真实叙述，但它们都是我真实的情感。有时是某种情绪的放大版，有时是表现一种存在于世界的现象，因为我们都身处其中，在同样的世界里感受，音乐让我们在一起。唱歌，需要想象、假设和演绎。但我没想到的是，我唱的歌竟然可以影响别人的人生，这让我觉得或许这就是我作为"林俊杰"存在于这个世界里的使命。

出道20年和出道10年最大的差别是，我没有那么确定我的下一步该怎么走。

10周年的时候，我非常清楚下一步该往哪儿走，我要玩新的东西，对于我的第11张专辑有很多想象。但到了20周年的时候，我却不想思考这么多。我知道接下来的我一定还是希望做一些新的东西，我也知道有很多选择。我可以选择半退休，我可以安定下来好好过"生活"，我可以继续做下一张中文专辑，我可以出国进修再学一些新的东西，我可以和国际上的音乐人合作去尝试一些新事物，我当然还可以继续唱这20年里的歌，并不断改版。我有很多的选择，但还没有到做的时机。我希望这一切顺其自然地发生，我不想再去设想未来还要和谁合作，下张专辑什么时候发行等。我只想专心地把20周年的专辑和巡回演唱会做好，然后让时间告诉我，下一步该做什么。

坦白说,这几年我一直觉得自己是在赶进度。没有人逼我,有时候我也不知道自己为什么要赶这些进度,或许说到底还是自己给自己压力。

但现在,我更希望自己能好好沉淀下来,放松一点,让后续的事情自然而然地发生。

或许,我会学会自在。

完美的刘海并不存在。

→ **Derek 说**

我和 JJ 一起开露营车去深山露营，山里信号不好，想以此让 JJ 放松一下。但半夜一二点的时候竟然发现，JJ 拿出手机看短信，甚至拿出笔记本电脑开始工作，还会在凌晨三点发短信给龙哥，告诉他要改的内容，并把脑中的旋律哼唱录下来发给他。隔天早上睡醒后，JJ 就会开始发讯息追问龙哥的修改进度。后来，我已经习惯了 JJ 在露营的时候带着吉他和录音设备。JJ 就是害怕自己需要用到设备的时候，这些东西不在手边。

→ **龙哥说**

有一次，演唱会的乐手从洛杉矶飞来彩排。一般彩排时，大家就会先大致将音乐做成工作带，让大家一起听听看。结果第一次排练结束后，我将工作带发给 JJ 听，JJ 却非常不高兴，他表示工作带的混音没做好，他听不到乐队的细节，无法确定乐队是否可用。JJ 还以迈克尔·杰克逊举例，他是在筹备演唱会的过程中去世的，而那场演唱会的彩排就成为他最后留下的回忆。因此在什么时候都应该要做最完整的东西，无论有任何意外发生，亦可交出完美的作品。JJ 的这段话给了我当头一棒，我很钦佩 JJ 这种追求完美的状态。在与 JJ 工作的过程中，我逐渐受影响，发现自己也渐渐会以 JJ 的完美标准去要求自己和身边的人。

此外，《梦想的声音》是我第一次和 JJ 一起在耳机里听一样的声音。令我意外的是，JJ 耳机里所听的是未经效果处理的声音，而一般歌手都希望能在自己耳机里听到的是被美化过的声音，来增添自己的演唱信心。之后才知道，这是 JJ 的常态，他从最初当制作助理时便是这样练习唱歌的。JJ 相信，如果未经处理的声音就已经是好听的，那这样的声音加上效果之后只会变得更好。听完之后我就知道，JJ 之所以会被称为"行走的 CD"，完全是因为他就是以如此严格的方式要求自己，而不靠科技增色。

How to Sing "Never Learn"
学不会 怎么唱

可能很多人都不知道，歌曲在录音室完成最后的版本以前，我已经唱了很多次，而且一开始是不会有歌词的。

没有歌词，怎么唱？

每一首歌的起点，都是先从音乐的本质，也就是旋律开始的。在词还没有被创作出来之前，我对于想表达的感受或故事就会在脑海中浮现画面，所以我在唱 Demo 的时候会注入真实的情感。此时，虽然没有歌词，Demo 里跟着音乐旋律的吟唱是暧昧不明的，但我相信通过这样纯粹的形式表达，还是可以让我们的灵魂得到共鸣，让我们彼此了解。

这是我对自己创作音乐的要求，旋律应该是可以说话的，就算没有填词曲，也应该是动听的。

就像那些没有歌词的音乐，像古典交响乐一般，只是单纯地听旋律就能被触动，因为我早已将所有的故事深藏在音符的律动里了。或许是我比较内向、阴郁的部分，我在创作时，是更诚实、更贴近我内在的东西。而我的这一面，能看到的人并不多，不是不愿意外显，而是不知道该怎么说。相反，听我的音乐时这一点能够被轻易察觉，进而了解我。所以当我把 Demo 寄给跟我一起作词的伙伴时，我是有把握的，他们是了解我的人，能够把我心中所想的画面用词准确地传达出来。

记得我把《生生》的 Demo 传给林怡凤时，我什么都没说，而她听完就被旋律触动了，哭了。我相信她能够理解这首歌的情绪，我是等到歌曲都制作完成后才有机会跟林怡凤聊天，她才知道这是写给奶奶的歌，想表达的是对于生命与告别的感悟，而恰巧林怡凤那些年失去了几位至亲，生生灯火，明暗无辄，看着迂回的伤痕，却不能为你做什么，我恨我，躲在永夜背后，找微光的出口。她的词，我的曲，让歌声有了可以依附的文字，让生命的意义显现，当我开口唱 Demo 时，这一切就已经清楚自明。这首歌引起不少回响，有粉丝说，这首歌听完让她觉得有力量可以一个人好好活下去。

这就是歌曲的力量。我的音乐创作加上歌词，再通过歌声的诠释，才能更完整地传达至歌迷的心底。

唱 Demo 几乎算得上最私密的一种对话，甚至在唱的时候，常常是处于一个人最纯粹的时刻。

有人说，我好像都不想睡觉，但实际上，当一天的忙碌结束之后的时间才是真的属于我，我才有机会跟自己对话，而创作的灵感也往往都是在这时候才闪现。

作词的老师就常在半夜收到我的短信，像易家扬老师，常常都是在进入梦乡的凌晨两三点收到我的讯息，我实在无法扼住这股想把歌曲完成的冲动，所以唱完 Demo 之后，我就想知道，到底会配上什么的歌词呢？易家扬老师是那个能够马上给我回应的创作者。我记得有一回，凌晨 5 点我传了《裹着心的光》的 Demo 给他，当时连曲名都没有，但我早上 9 点就收到了歌词。他说他听了旋律就睡不着，脑海中就浮现了。光拿乌云揉成团，像鲸鱼吻着浪，叫我和你去飞翔，人老无语后落单，别跟丢了天空沙滩，挣脱回忆壮胆，裹着心的光很暖，与你有关。原来如此，我的寂寞孤单化作旋律后，在世界上竟有另一个人给了我回应，那种兴奋感就像飞往月球背面暂时与地球失去联络的太空人一样，突然间感到，获得了救赎，有再度回归地球的希望。有个人懂，那就是最后能站在舞台上把歌给唱出来的初衷与起点。

记得最初在海蝶时，录音室的老师教我怎么唱歌。他们要我以一种舒服的方式唱，他们说，这就是我的声音最好听的状态。因此在我前10年的歌唱生涯中，我一直都是用这种收着的方式唱歌，是一种对声音有控制力的、半虚音的R&B唱法。这对当时的我来说，是最安全的、最好听的，大家也都这么认为，甚至在我试图转变唱法时，他们就会告诉我，那不像我。

一直到《学不会》，我才开始尝试做一点点转变，在最后一段副歌尝试以微嘶吼的方式诠释。我坦白，或许那时我才刚开始学会在脆弱中找到安全感，能够让伤、累、痛和不会，用不完美的方式来完美。

影响我改变唱法的契机是我参加了《梦想的声音》。在这之前，我没参加过这类节目，他们说，我唱歌的方式不适合上节目，节目上的歌手都会飙高音，但我的唱法不适合飙高音，所以如果我去参加节目是没有优势的。难道我就不能飙高音吗？如果我想飙的话，我做不到吗？我觉得不是。因此，我开始做一系列新的尝试和突破，恰好上节目需要我为

↑《幸存者·如你》新歌首唱LIVE花絮。

Road to JJ20

↑ 2023年JJ20美国与加拿大巡演空档,在纽约的录音室录制新歌。

此做出改编。在节目上，我唱的不是自己的歌，这些歌也不会收录在专辑里，它就只会在节目上放一次，我只需要做到抓耳就好了。我开始去改编、去研究、去实验一首 LIVE 作品里面能够承载多少不同的唱腔和风格。通过这个节目，我研究出了新的技术和方式，而这些改变，是大家喜欢的。在往后的演唱里，我把它们都收入囊中。

后来，它们都成为我行走乐坛的武器。唱歌其实就和运动一样，当没有去尝试时，总会觉得自己做不到、不可能，一旦真的做到了之后，一切就变得不一样了。通关打怪，是可以升级的。现在大部分时间，我还是会用最舒服的状态，用我最习惯的 R&B 唱腔来唱歌。你可以说，这是我跟歌迷间的约定，在彼此熟悉的领域里面，找到唱与听的默契。但是当我想要有一些改变时，我有能力在作品中加入不同的元素，让它变得更立体，成为我的一部分、我的特色，也能让歌迷感受到音乐与时俱进的魅力。对于这个改变，我很开心，只有成长与改变，这条音乐之路才能走得更远。

大家开始称我为"行走的 CD"，他们说我唱现场很稳，但这一切都是经过常年练习积累而来的。

出道 20 年，每一场演出我都还是会紧张，并且我认为，我是必须要紧张的。我必须要让自己处在紧张状态，我的表演才会有真实感，这样的演出才会有惊喜。所谓的紧张并不是一种不自信，而是来源于我对于每一次演出的重视和尊重。

我想要把演出做好，不仅仅是单纯地把歌唱好，而是要把想说的话、想表达的信息，在演出中传递清楚。

紧张是种不理性的情绪，而表演是一件感性的事。表演者的情绪是会传染的，我需要释放出我的感性，才能和观众自然而然地站在一起，我们才能产生共鸣。如果我只单纯地将每次演出当成完成功课，一点也不紧张，那观众也会以这样的心态来看待我的演出。

因此，我觉得太过于轻松地看待演出，实际上是一件危险的事。

大部分的新人都不太理解这点，可能是因为他们的经验还不够，他们还没能好好地去感受舞台，享受这种灵魂和音乐碰撞产生的化学作用。但作为一个歌手，就是应该要去制造更多这样的机会，让自己去适应、熟悉这种灵魂和音乐融合的时候。乍看之下这好像很容易，但实际上需要歌手将所有技术上的训练通通内化成身体的一部分，再放下这些技术。如果歌手自身的技术还不够纯熟，就无法这么做。然后就是需要讲究节奏感、口齿、表达，再花很多的时间，唱遍大大小小的舞台、录音室，甚至大自然，去熟悉自己的声音，直到不需要话筒、不需要耳返、不需要任何装备和技术的辅助，都可以听到自己身体发出来的声音共振后，才有可能达到所谓灵魂和音乐的共振。

对我来说，唱歌是一件有挑战性的事。

许多歌迷会在网上说，我最难唱的歌是《修炼爱情》《无法克制》《学不会》和《不为谁而作的歌》这几首。它们的共同点是音阶都比较高。而我坦白说，如果一直唱高音会很累。但我的声音偏偏就是要稍微高一点才比较好听，一旦一直停留在中低音域，反而会失去一点辨识度，这也是我成为专业歌手需要做到的部分。

除去音高的问题，我在同一首歌里的不同唱法处理也会让歌曲变得难唱。例如《无法克制》会不断在放和收的唱法里变换，希望借此展现一种自由的宣泄，这也是很难的。《不为谁而作的歌》的难点在于，这首歌的旋律一直在男生最容易破音的音域徘徊，而我处理的方式就是把这首歌当成一种宣泄，我不会像在唱《可惜没如果》那版里把它想象成是在和人对谈、对话，而是不聚焦在歌词上，单纯把它处理成有一点类似呐喊。可以说，我会用一些技巧性的方式去处理每一首歌曲，让我能更好地驾驭它们，但在最开始的时候，我并不会用技巧去分析这首歌，而是会先和这些歌曲融为一体，因应调整。如果单看《可惜没如果》，它实际上是一首优美的、抒情的歌，但它在我的诠释下，听起来就会有种空洞和难过的情绪，在种种条件结合下，最终才创造出这首充满遗憾的歌。

但歌就是拿来唱的,或许你也可以来演唱会,跟我一起试着唱唱属于你的版本,或许你唱得并不完美,但也不要有遗憾,先唱了再说,对吧?

假如把犯得起的错
能错的都错过
应该还来得及去悔过
可惜没如果 只剩下结果
可惜没如果

——《可惜没如果》

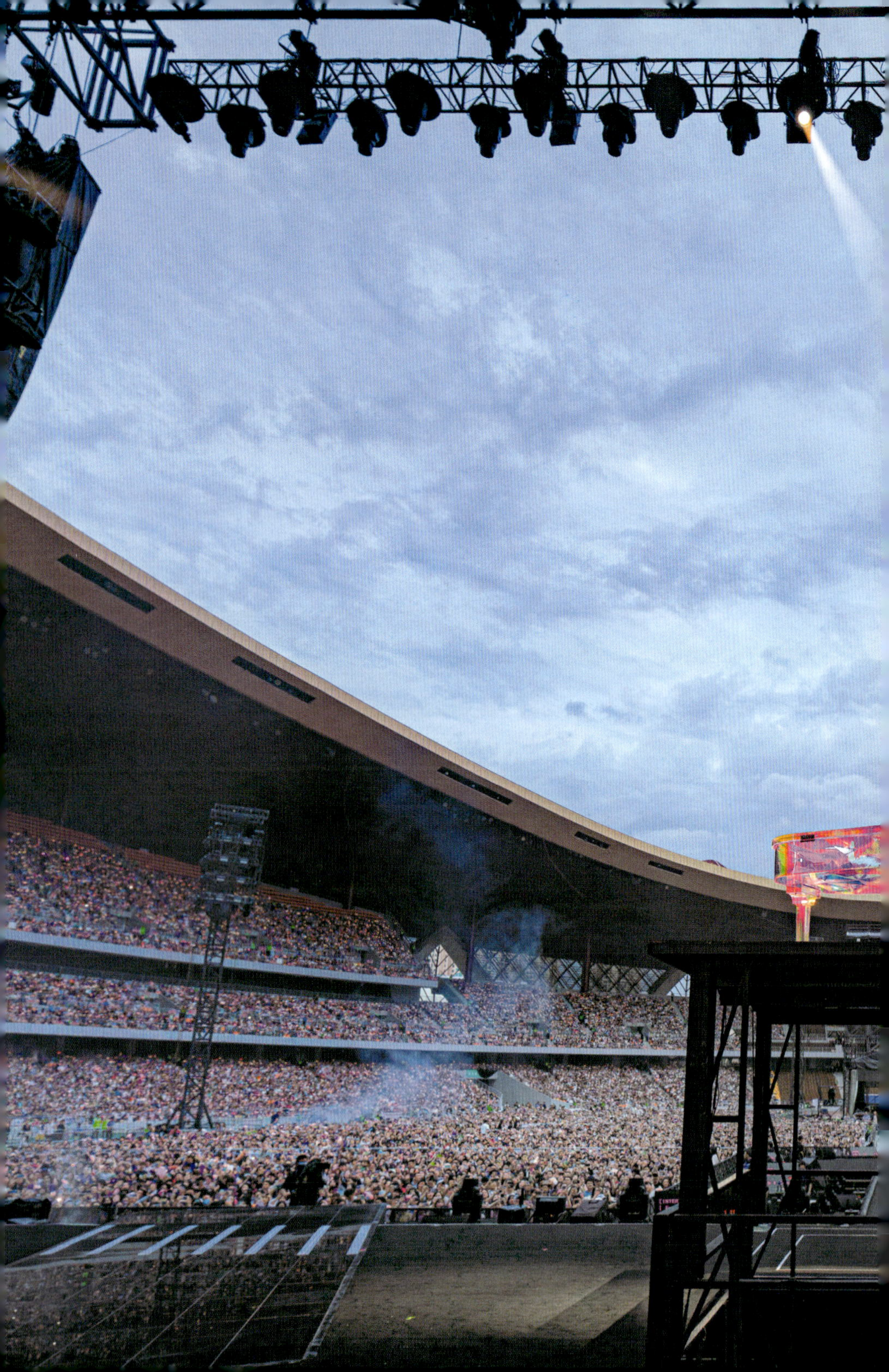

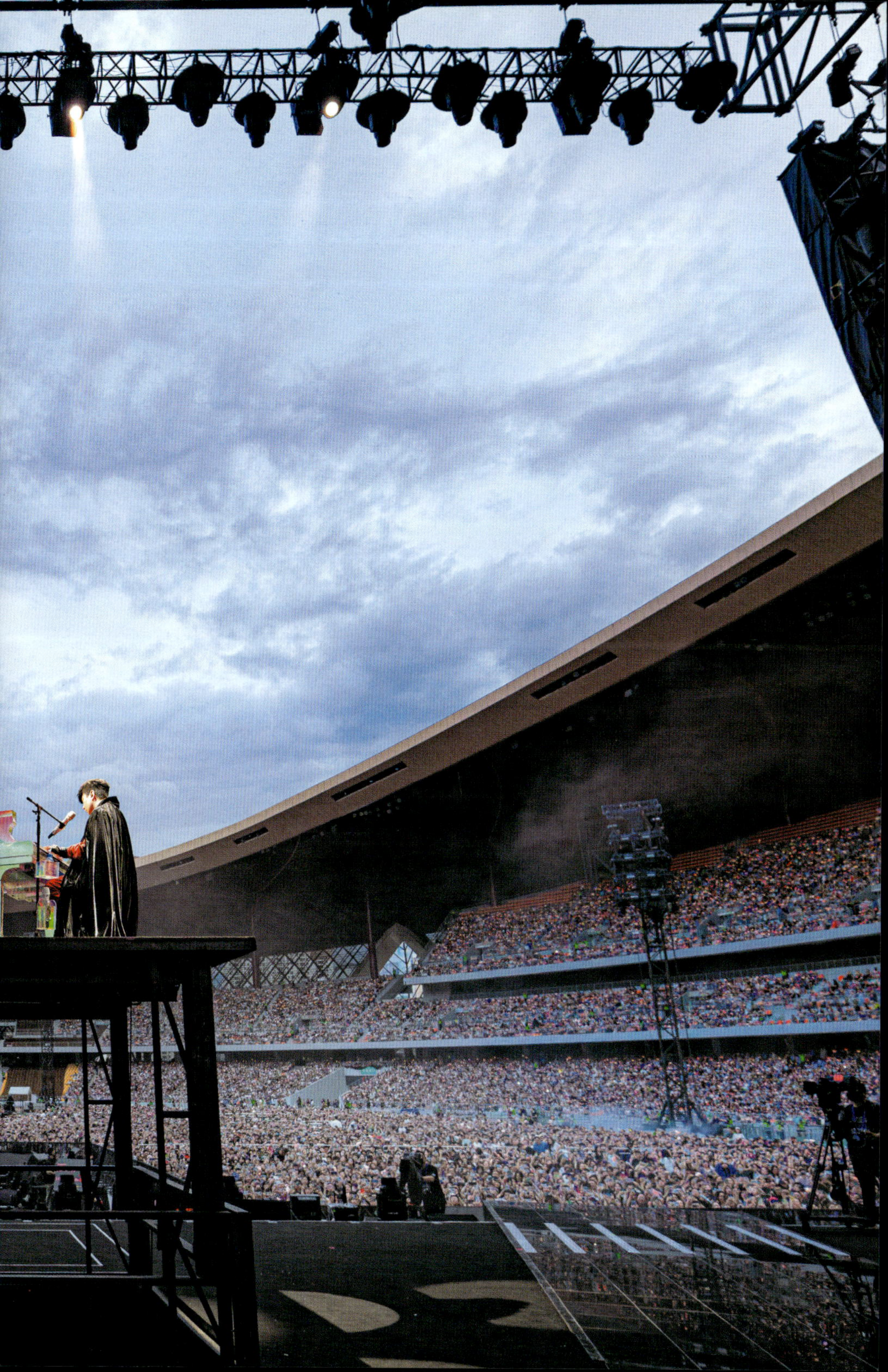

Road to JJ20 →

Act Three

第三幕

归返,未来,下一个十年

两个世界的主人

Return

Master of Two Worlds: Return

Castle In The Air
Castle In The Air

"Castle in the air"在《剑桥词典》里的翻译是空中楼阁,空想,几乎不可能实现的计划。

2007年3月,成立"JFJ Productions"时,十几年的音乐长征才算是有了回归的居所。这一路走来,并不是没有质疑与挫折,在无常变化的音乐潮流中,选择让自己的创作团队能够安定下来,需要投入巨大的成本,承担更多责任,烦恼也更多,除了为自己负责,还要顾及很多人的未来与生计。身体和心，能够承受得了吗？何苦呢？维持现状不就好了？

但再伟大的航行，终究还是得有个港口可以归港，重新出发。

哪里是我可以重新出发的港口？20年来，我在音乐与节奏的海洋里探索了许多可能性，靠岸、探险、再出发，伤痕累累但收获满满。来到新地球，星星很闪耀，遥远的地平线，去了被人遗忘的小岛，那些用冒险编织的梦，用琴键和音符捕捉、释放、分享，但终究还是会疲倦，来到需要与伙伴们回航的尽头。

Castle in the air，我是梦想家，但也是实践者，是该落定了。

有人问，在人生的选择里，如果能够回到过去，如果真的有平行宇宙，林俊杰有第二人生的选择，例如结婚、生子，甚至不当歌手，我是怎么想的？这问题实际上是在问自己会不会后悔。

我认为在我的生命历程里是没有"后悔"这个观念的。"遗憾"或许存在，但这与"后悔"是不同的。

前几年，我们有机会放慢脚步，停下来审视过往每个大大小小的选择。我从忙碌的脚步中稍作喘息，停下来生活。我看见哥哥或者工作伙伴在婚姻或是事业中获得成就感与幸福感，那种相对来说稳定而安全的生活，我不是没向往过。

检视自己当下的点点滴滴，或许不是最好的选择，甚至如果是其他选项，生活也许会过得比较顺利，也没那么辛苦，晚上也许不会失眠，也不会常常到了半夜停下来想找朋友时，却不知道该打给谁，时常感到忙碌而孤单。但每个选择都会带来不同的未来，现在都是过去选择的结果。偶尔也会想说"早知道就如何如何"，但每个人或许都该珍视自己所做的选择，莫忘初衷，秉持本心，那些来自直觉的选择才是最真实的，才是自己想要走的路。

我承认我是个矛盾的人，对很多事情抱有疑虑，但幸运的是，我总会先看到好的那一面，然后才是需要付出的代价。或许，这跟我从小喜欢打游戏有关吧。游戏中总是会有关卡，有挑战，有魔王，但如果目标清楚，那面对的敌人是谁？有哪些路径？可以做什么准备？只要开始玩游戏，我是不会轻易放弃破关的乐趣的。

当然，选择中可能会包含不好的部分。有没有可能让这两件事只有先后顺序的差别，却能创造双赢的局面？这就像写歌一样，先听到或感受到的旋律，那可能并不完美，但我可以试试看怎么样把曲子给做出来。别人或许只看到了成品，却不知道我唱着、哼着，连想着走路都是对各种路径可行性的尝试，可能有千百次的尝试。不是不害怕，只是不服输，不是看不见失败的可能性，而是我不会停止在失败的那一刻。

Still Moving Under Gunfire，是个信念。

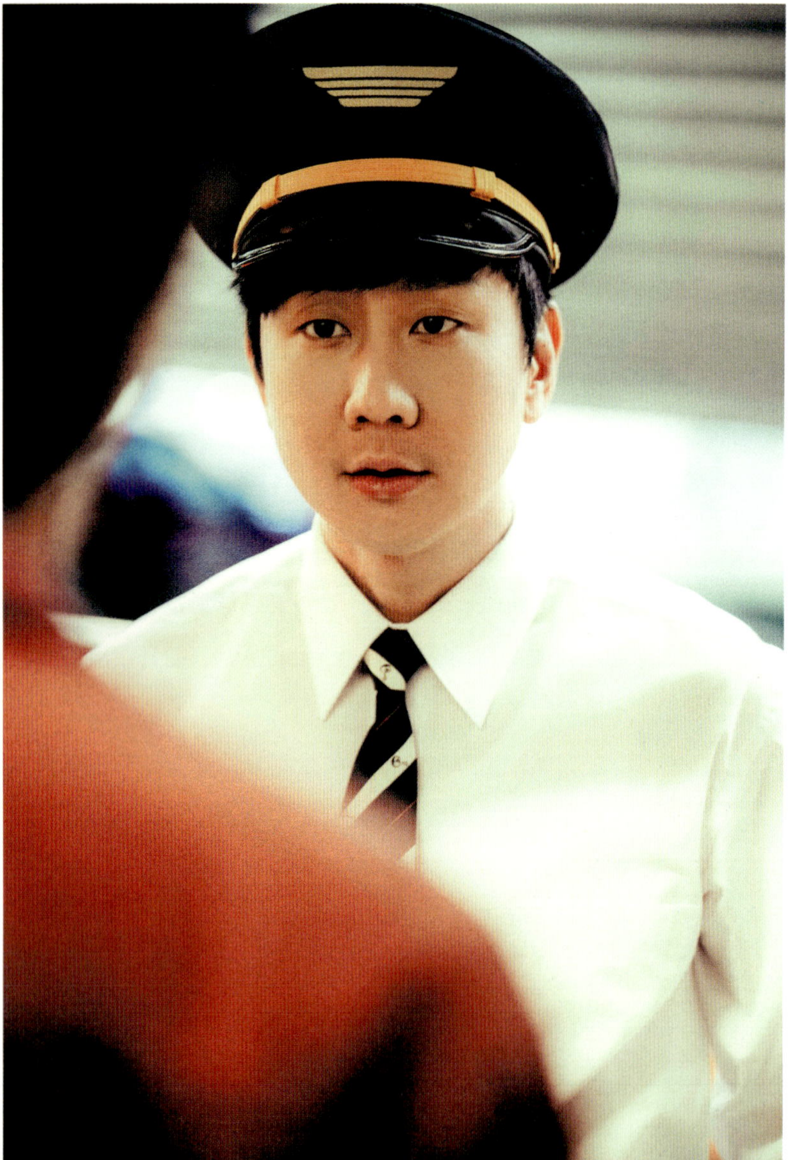

← ↑《如果我还剩一件事情可以做》MV 拍摄花絮。

JFJ Productions 的成立，灵感来自 2015 年播出的美剧《嘻哈帝国》(*Empire*)，这是一部讲述了纽约 Empire 嘻哈音乐公司创建人及其家人，一步步拓展全方位音乐领域的剧集。我喜欢这部剧的音乐指导汀巴兰德，就想通过这部剧来进一步了解他的创作想法。然而，除音乐之外，还有其他的东西深深地打动了我。剧中角色所遭遇的困境、人际关系、做音乐的历程，让我想起过往的日子。故事中嘻哈音乐不仅仅是背景，也是一种生活态度，是面对世界的方式，让当时正尝试开拓新领域的我，看见了新的可能。我认真想，是否能在华语音乐世界创造一个音乐基地？我需要一个出发的港口，想必很多音乐伙伴也是。JFJ Productions 应该不仅仅是音乐制作的场所，更是所有热爱音乐，想要探索音乐可能性的朋友们，能够聚集在一起，以声音交换彼此的人生历程、创作和再出发的港口。我想，不管是出于天真还是好奇心，我跟自己从这个起点开始对话，有梦不难，勇敢去闯，音乐做伴，难以言说的旋律在我心中响起，又无法轻易放下。我知道，只把这心情转换成旋律是远远不能满足的，我想出发，想招兵买马，想买装备，想大干一场。

我迫不及待想按下 Play 按键，那是我自己从头开始设计的程式与游戏，规则将由我自己来定。这不是空中楼阁，我有能力，也有决心可以让这些想象成真。

Castle in the air.

↑ 与 SMG 团队。

买下而非租用办公场所，是决心。

我要城堡落地，创造音乐圣所，那将是新宇宙的基地。

大家都说，这个选择是不合理的。一个歌手，干吗花大钱，从零开始打造一家带有数位虚拟摄影棚和带全套乐器的高功能录音室的公司呢？而且，想这样做，最好是找郊区厂房，或者租个高楼层的商用办公室不就好了吗？然而，这就是不同的人对未来想象的差别。我需要一个真实的、能够聚集音乐创作者的空间，能来真的，能动刀动枪打仗的地方。5米的楼层高度，才能放下灯光、音响、舞台、LED 设备，让场域变成表演中心和新媒体内容的产生地。我的梦想里，所有的音乐创作都从一个符合未来音乐需求的多功能音乐工作棚开始。我需要这些设备与场所，容纳足够多的人才和我一起来创造内容跟演出。

选择一楼，是希望 JFJ Productions 具有地标性和落地感。别人在了解公司的时候，认可我们的认真，明白我们把音乐当作重要产业在经营的决心。

为了支撑这样的梦想，无可避免地需要拆掉很多的传统框架，甚至不惜得罪一些圈内人。经过 20 年在音乐路上的披荆斩棘，现在的我已经成了许多人的前辈，我无法再跟着别人走，也没有人可以跟了，必须改变，必须走出自己的路。没有大公司的资金，人力也不够充沛，我所拥有的，就是 20 年来积累下来的一切。

为了完成这个梦想，我把过往赚的钱全都投资进来。不单是硬件，团队从开始的简单 3 人，逐渐扩充成现在近百人，人事成本负担比过往自己一个人时要沉重很多。我也可以选择继续唱歌，继续做演唱会和发唱片，跟别的公司合作，只要抽成就好，这是 90% 成名歌手会选择的路。但我选择自己做，自己投资开公司，进行公司装潢，力求完美。这个城堡是需要我亲手打造的，我要为自己的梦想许下最真实的承诺。别人或许无法理解这个选择，甚至会用"我有钱"或"我是富二代"这样的说法来轻易定义我，这是不对的。我感谢父母对我的信任与栽培,但从新加坡来到台北,一切从零开始,靠着唱歌、创作,累积自己的能量。今天的我,内心笃定而踏实,Castle in the air,愿与愁,都是由我来承担,我来实现。

伟大的渺小,或许是吧。刚开始,并不是所有人都能理解。

一朵玫瑰被刺围绕 也许它也渴望拥抱
海豚脸上总有微笑 也许泪被大海洗掉

是不让人知道 你我幸福或难熬
好或糟 藏进外表的孤傲

其实我想要 一种美梦睡不着 一种心脏的狂跳
瓦解界线不被撂倒 奔跑 依靠
我心中最想要 看你看过的浪潮 陪你放肆地年少
从你眼神能找到 解药

宇宙一丝一毫 伟大并非凑巧
我握的手握好 我 或许很渺小
也绝不逃

——《伟大的渺小》

一砖一瓦成形,还是需要时间,我不能说没有焦虑与不安,而让我真正为这个选择感到心安的,是第一场 JFJ Productions 的线上发布会。

我找了以前电视台团队的同仁,许多资深专业团队与前辈们都愿意过来支援我,帮助我完成筹备工作,我确信自己的第一步走对了。然后,我又加入更多的 XR、AR 技术,最终完成了"圣所 FINALE"的线上付费演唱会。

这也表示在未来,我能进一步协助其他音乐创作者处理他们的演唱会。这可以形成一种新的音乐演出模式,在未来复制到不同国家和地区,创造一个无国界的

↓ → JFJ Productions
台北办公室开幕
与同事朋友合影。

线上创作与演出基地。希望未来，当大家想起做演唱会时，提到台北想到小巨蛋，香港是红磡，北京有鸟巢，而提到线上演唱会，便会想到林俊杰打造的线上演唱会品牌"JFJ Productions"。

我知道这是别人没做过的事情，不仅辛苦，还容易被其他人误解。但我很幸运，身边有伙伴们一起努力，开创一个属于我们的音乐空间。记得 JFJ Productions 刚落成，搬迁入厝时，很多艺人朋友前来参观，看了数位摄影棚和录音室，大家都觉得很有趣，新潮又大胆，但没有一个人松口说，愿意来和我一起做。他们都在观望，因为这打破了原本的经营模式，对我将要出发迎向

那狂暴未知的大海而感到担忧。

现在，他们没有质疑了，甚至会好奇下一步是什么。

下一步是什么呢？我想，我会继续跟着自己的直觉，本着初衷，勇敢地做出更多属于我的勇敢的选择。

JFJ Productions 的元宇宙，不再是愿与愁，或者 Castle in the air，它将是开创未来音乐新纪元的城堡。从这里出发，我想促成一个新的音乐时代，线上音乐会只是一个起点。

如果你为自己的选择感到怀疑时，请跟着我一起唱首歌吧，听从内在旋律的呼喊，感受属于自己的渴望。如果你还是感到犹豫，或许可以打开《塞尔达传说》游戏逛逛那些神庙，让无畏的导师们告诉你答案吧。

"毋庸置疑，你是真正的勇者。"

如果有目标，就把它当作一场好玩的游戏，在每个岔路口，做出选择，用尽全力去完成，有何不可？

Consider It a Gift to Myself
就当作给我的一份礼物吧

这辈子,我很少开口问别人要过什么。但这次出新专辑,我跟蔡宥绮要了一首歌,当作 20 周年的礼物。

为什么?

因为她让我想起 20 年前的我,终于破茧的我,像我的我。

遇见许环良和林秋离老师之前,我在新加坡参加过

↑ 爸爸陪我去参加歌唱比赛。在百货公司参加歌唱比赛海选，唱伍思凯的《爱与愁》。

滚石举办的歌曲创作比赛,当时比赛的评审是李宗盛。当时,李宗盛没有选择我,我也没有选择他,两人之间就是缺少缘分。后来不管许环良老师想用什么方法来塑造、打磨我,前提都是一份认定,一份双方都能够认定与接受的缘分。

蔡宥绮是 JFJ Productions 旗下的第一个新人。

许多人问我为什么会在这么多人里选择蔡宥绮?毕竟 JFJ Productions 并不是以艺人经纪为主业的公司,却唯独签下蔡宥绮。

几年前我认识她的时候,非常惊艳于她的作品和音色,她并非音乐科班出身,没参加过歌唱比赛,也没受过专业训练,所以先让正在读大学的她到 JFJ 制作部半工半读。这5年来,她参与幕后制作,学习音乐领域的各种知识,我亲眼见证她的成长。我在蔡宥绮的音乐里听到一些很难得的东西,一些细节。她在某方面和刚出道时的我很像,有点内向害羞,但在创作上又会主动交功课,会自己主动反思、检视。虽然有时会想太多,但只要给予她任务,她就一定会完成。这也是当初许环良老师看中我的原因,我相信命运是个循环,必然有其规则。因此,我对蔡宥绮十分有信心,我相信她是一个可以对自己负责的人。

在蔡宥绮之前,我提拔过身边许多音乐新人,但蔡宥绮却是第一个让我决定要帮她从头到尾制作一张专辑的新人。

← 歌唱比赛冠亚军合影，
  我是亚军。

← 我捧着亚军奖杯。

Road to JJ20

蔡宥绮累积了不少作品，而作品也足够成熟，是时候让大家听见了。我决定要做一件事，就不会再思考能不能成功，而是思考要如何成功。我不认为在音乐创作路上有所谓的天才或眼光的问题，所谓的天才只是把所有的时间都专注在一件事情上，这是一种决心。当初我走入音乐世界，放弃上大学，我有这决心，我认为她也展现了一样的决心，所以我相信她不会失败。

音乐创作的成功与否不能靠专辑销售量、排行榜名次、歌曲传唱度来决定，这些在我眼中都只能算是一种营销手法。对我而言，更重要的是音乐本身，蔡宥绮的作品足够好，才会将作品推出市场。蔡宥绮是个全才创作者，她原本的词、曲、唱、编曲，加上我参与的制作，这会是一张好作品。

我明白，让她跟我一起站在"JJ20"世界巡回演唱会的舞台上的这件事，需要承受巨大的压力，却可以积累舞台经验与自信。这个做法是有一些极端，为此，我和团队讨论了很多次，我们需要承担让她上台这件事背后所有的好与不好，包括正在发生的关注、批评的声音。但这是蔡宥绮想成为歌手、艺人必须面对的挑战，也是她快速成长时必须经历的过程。尤其是现在这个时代，无可避免的要面对许多来自网络最直接的批评和打击，这跟我以前所面对的时代是完全不同的。当时通过经纪人，认识各大报刊的娱乐线或音乐线大牌记者，很多危机都可以私下化解，但现在永远都不知道危机会从何而来。唱完之后，甚至在表演的当下，就可能会有非常直接且不客气的评论出现。蔡宥绮还没出道便先经历这一遭，但只要她跨过这道坎，我相信她会成为非常优秀的歌手。我与蔡宥绮在这一切开始之前，深聊过很多次，我希望这是她愿意去做的事，而并非是被迫。就算世界都背对着我们，作为音乐创作者，是要清楚了解，这些担心与质疑都没什么大不了，我们只要对得起自己和音乐就行。于是我们一起唱了《亲爱的陌生人》《像我的我》《无杂质》和《酿成想念》。

每一次，我都很认真、用力地喊出她的名字，"让我们欢迎 Patti 蔡宥绮"。

> 不太远的远征
> 有好多问号和可能
> 不是要或不要
> 是害怕完美之后的余震
> 那么让我多想一想
> 把如今走稳
> ——《亲爱的陌生人》（蔡宥绮）

坦白说，我对她有信心，但还是担心蔡宥绮的状态，因此一直在关心、鼓励她。

我认为自己是最理解她心情的人，因为我们有同样的野心和对音乐质感的追求。同为创作人，我理解创作者想要被人理解和看见自己创作的心态。我懂蔡宥绮现阶段需要的是自信，一种确信自己可以用音乐说服大家的自信。因此，我选择让蔡宥绮为我的 20 周年专辑写一首歌，就是希望让大家看见她的创作能力。或许歌迷们在没听到成品前会有些负面评价，蔡宥绮也担心会被批评，但我仍然坚持。

我告诉她，这是我想要的，就当作是给我的 20 周年礼物，鼓励她完成这次创作。我自己出道 20 年了，期待大家明白我的展望，而不是永远把焦点放在我身上，也希望能在其他人身上展现我的音乐能量，这对我来说是一件开心的事。

现在的大部分年轻人都有"靠自己也可以"的心态。影音平台盛行的时代，确实如此。不需要依靠公司，不需要前辈提拔，可以仅凭自己闯出一番天地。什么都自己做确实走得比较快、比较直接、比较透明、比较贴近你自己真实的样子，但也容易迷失。

新人的困境也是如此。在蔡宥绮之前，我遇见过几个不错的苗子，曾想签下栽培打造，但他们都有一个共同的问题，就是心太急，觉得自己已经准备好了。也许就只是心情上准备好了，作品还不够好。如果想要成功，10 首歌里有四五首好歌是远远不够的，应该要 10 首都是好的，甚至 30 首都是好的才行。我出道前所累积下来的创作能量与曲子，一直延伸到我的前几张专辑里都还在用。《编号 89757》专辑里的《木乃伊》《简简单单》这些歌，实际上都是发第一张专辑前就已经完成的作品。

可是大部分的年轻人都无法理解这个观念。后来这些人还是发唱片了，一般就是初期成功，但无法承载并持续这份成功。能力不够或者心态不稳的话，成功的滋味反而很容易伤害到创作的本质，这条路就可能走不长远。这是很可惜的，因为他们都是很有潜力的，只是瓶颈期时，没有人可以帮他、告诉他，而他或许也不愿意听。才华是入门票，但当艺人最重要的是心态。不能自我感觉良好，要允许更多不同的声音，多一点相信前辈的提议和建议。

因此，我还是相信缘分，我如果没有遇上好老师，而这些很好的前辈也没看上我，我是无法走到今天这个位置上的。蔡宥绮的出现，让我有机会面对下一个阶段的挑战，转换角度与身份后，对我而言是一份传承，也是对未来的期待。

蔡宥绮真的给我写了一首好歌，我想我们都是彼此之间，一时间最好的选择。

就算我只是你的 一时间的选择
青春里的过客
有过感动的片刻 我比谁都深刻
可能 你永远不懂得
你对我多独特 唯有你才是真的

> 我想着你 写下了这首歌
> 偷你的喜怒 加上我的哀乐
> 一直 唱着 唱着
> 有你的故事 安放我的哀乐
> 窗外 天色 亮了
>
> ——《一时的选择》

我很珍惜，也明白，未来的路，我不再是一个人独行，跟我一起走向新愿景的人会越来越多。

这是 20 周年最好的礼物之一。

AI & M.E.

10 年前,我开始了一个创造我的虚拟分身的计划,我把它取名为"M.E."。我想做个实验,把自己虚拟化,创作一个 3D 版的、和我一模一样的"我",让这个虚拟分身可以帮助我"玩"内容,让我可以和自己对话。除此之外,我也希望,如果有一天我不在了,M.E. 可以继续维持我的肖像和内容,继续陪伴着爱我的人。

我知道 AI 总有一天会强势进入创作市场,这是人

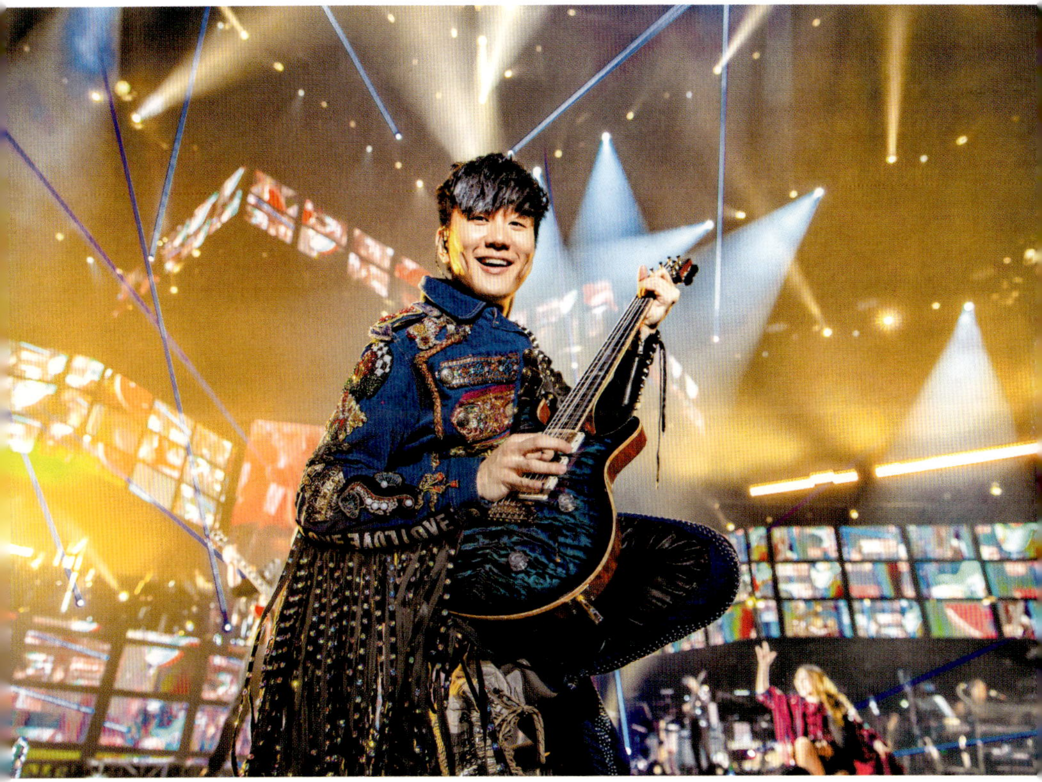

↑ 第一次在圣所举办线上发布会。

类发展中无法避免的事。但我也有思考，有了 AI 之后，我们还要创作吗？

我想，还是要的。

AI 是创作者无法逃避的问题，比起会不会被 AI 取代，我更担心 AI 会被有心人拿来利用，做不好的事情。至于 AI 在创意方面的影响，我认为创作之所以美好，是因为它是建立在人的灵魂之上的，是有温度的。以 AI 进行创作，就是让 AI 通过学习很多不同的人的故事和情境，用计算的方式，将一切整合出来，变成一个看

Road to JJ20

上去很真实的创作。我丝毫不担心 AI 成品的真实性,它绝对有办法做得很真,甚至比我们做得更逼真,以现在科技的先进发达,这点绝对可以做到。

如果有那么一天,听众无法清楚分辨虚拟与真实,真人音乐或许就相对不那么被重视。听众也不是有意为之,他们只是被发达的科技改变了听歌品位,变得再也无法分辨虚拟和真实的音乐作品了。这点其实类似流媒体平台的崛起,人们只需要付低额的月费,就可以无限免费听音乐。音乐因此变得更普及,但同时也改变了听众对音乐的价值观判断,让他们产生"音乐应该是免费"的错觉。我在乎的是,这件事对许多新人的影响很大。他们需要靠音乐赚钱,才可以支撑他们继续做音乐。

AI 的出现,势必会改变整个音乐创作的生态,但我相信随着科技的发展,AI 在未来一定会给这个产业带来一些正面的影响。就像当初 Auto-Tune(自动调谐)的出现也改变了我们创作音乐的方式一样,让音乐创作变得更方便更好听。

比起 AI 将会如何改变音乐产业,我更好奇它的出现将如何重新定义明星与公众人物。

在"圣所"世界巡回演唱会台北站,我曾经和 M.E. 进行互动,比拼"谁才是正牌 JJ"。和 M.E. 互动的时候,M.E. 说 M.E. 可以做到我做不到的事,然后变出我不敢吃的番茄,甚至让现场下起番茄雨。在这件事上,M.E. 确实比我勇敢，但不论 M.E. 再怎么像我，M.E. 的声音无法与我比拟，也无法自主。在 M.E. 的背后，需要一个真人去演 M.E.，去模仿我。未来在 AI 科技的发展加持下，我相信 M.E. 很快就可以真的成为另一个我。说不定在不久的将来，也可能就是明年，我就可以真的拥有一个自己的虚拟分身，可以和 M.E. 一起直播，让 M.E. 可以在脱离真人的驱动下跟我对话。

编号 89757，你把我 turn on 的那一天，新的对话方式会产生，音乐也会，对未来科技感到好奇的我和 M.E.，我期待这样的新世界到来。

↑ 我画的《乐行者》的封面。

自 在

Free

Freedom: Change

Miracles Born Out of Suffering
苦 得 说 不 出 话 的 奇 迹

咖啡是苦的,我过了好久才明白这份苦,是有意思的。

我是新加坡人,自小习惯了早上喝加了炼乳和糖的 Kopi O(黑咖啡),而 Derek 最早喝的则是加了巧克力的摩卡。

我给自己煮咖啡,是在比我懂得唱歌,当一个歌手还要更远的以后,至今想起来,我都觉得是人生中一个意想不到的奇迹。

"JJ20"世界巡回演唱会是意志力的马拉松,从开始筹备就有很多困难需要克服,但我跟10年前的我不一样了,有很多工具来协助我渡过难关,煮咖啡竟然是其中一项。煮咖啡的器具现在跟着我在演唱会的后台到处跑,每巡回到一个城市,我都会找空当煮咖啡给大家喝。演唱会偶尔休息的空当,我会去找附近的手冲咖啡店,为的就是去看看有什么厉害的技巧、好的咖啡豆,或者是我没见过的咖啡器材。

煮咖啡,让我可以暂时从歌手的身份转变成咖啡师傅,就像平行时空的我。煮咖啡,让我能够按下忙碌日常挑战中的暂停键。当心情不好或是碰到困难想事情的时候,我就会选择煮咖啡。不一定会喝,但只要煮咖啡,我就可以有3到5分钟的时间专心煮咖啡。我通过这段时间来调整、沉淀、确认自己的想法。煮完咖啡之后,我能找到另一个方式和大家沟通,一起解决问题。

说它是带来奇迹的咖啡,也不为过。

这一切要从跟 Derek 相识说起。Derek 是演唱会的营运总监,我们因为一起打电竞游戏而认识。基于对 Derek 专业能力的信任,2012 年我规划巡演时,我们便开始合作,至今都很顺利。他当时经营了一间咖啡店,有一段时间我跟怀秋常去。

我爱喝咖啡,但胃不好,只要喝得太浓就会不舒服。有

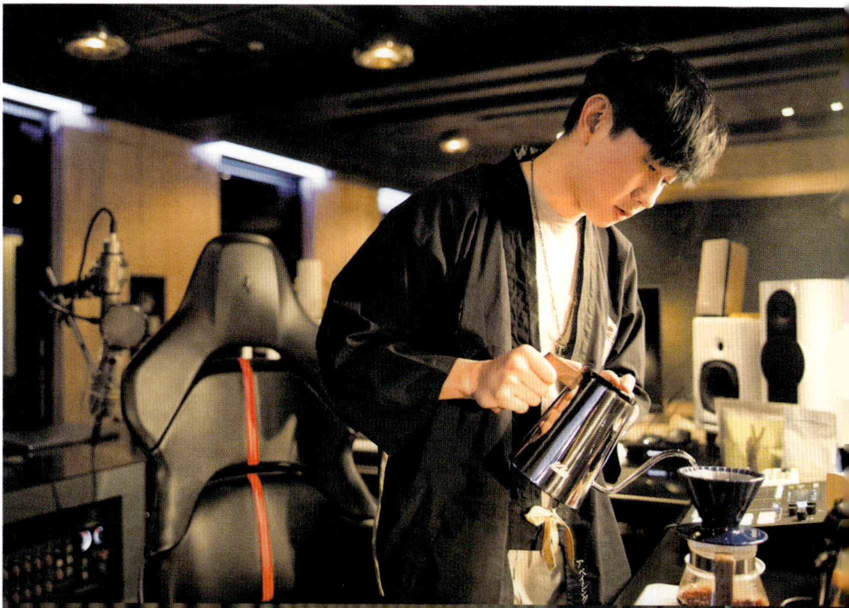

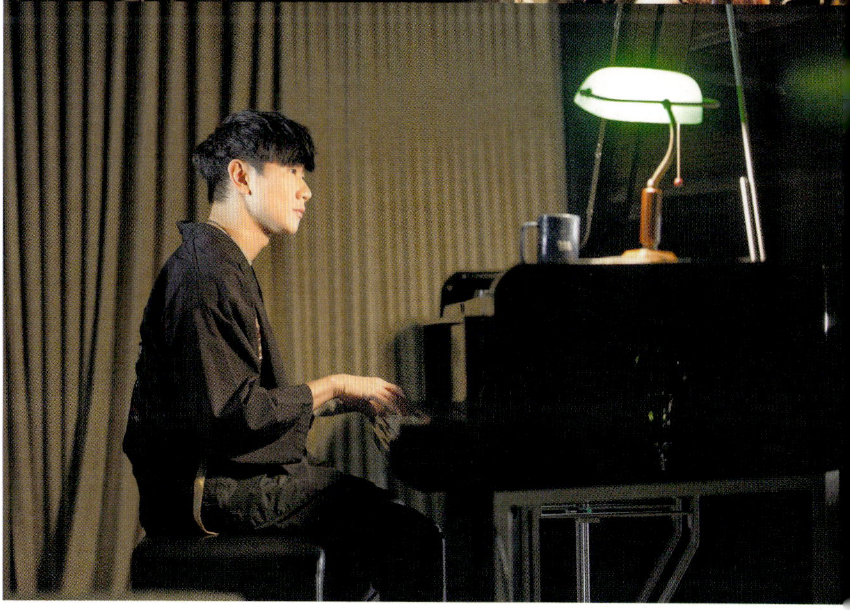

一次我在 Derek 的咖啡厅连喝了 3 杯，回家后却发现自己的胃没事，反而很舒服，这让我感到好奇。那是我第一次接触到手冲咖啡，我觉得十分有趣，于是开口询问咖啡师："你们这样做和别人做的有什么不一样？"咖啡师就亲自教我。我学了对方的标准流程，步骤、原料完全一致，只是煮咖啡的人不同。咖啡煮出来后，差别很大。煮咖啡就跟唱歌一样，不同的歌手诠释同一首歌曲，是截然不同的感觉。我开始研究煮咖啡，还有了瘾头。

2016 年，我想成立自己的咖啡品牌，问 Derek 有没有意愿参与。Derek 决定把他原有的咖啡厅人员和技术与工具都转给我，因为我们的理念非常吻合。我们都不希望这是让大家来吃甜点的网红咖啡厅，而是专门做咖啡的精品咖啡厅。我理想中的精品咖啡，是让每人每天都能喝得起、喝得到的精品咖啡，而不是来到咖啡厅以后，还要耗费一小时，等待咖啡师一一介绍后才能喝到好咖啡。

这也是我们能成功说服店里咖啡师留下来的重要原因。我愿意用自身的影响力来做咖啡、推广咖啡，而不是单纯想以咖啡来盈利。

其实，我们和所有人一样，刚开始喝咖啡的时候，都觉得咖啡很苦。

我是在很久以后，才逐渐被咖啡师教导如何喝咖啡，什么样的咖啡才算是好咖啡，告诉我咖啡的风味和原理。可见，喝咖啡这件事是可以后天培养的。

我们在咖啡品牌这件事上一拍即合，我们在咖啡不应该加糖这一点达成共识。

我们最需要关注的是，如何让大家在很快的时间内喝到好咖啡？我们花了很多时间在研究到底要怎么做，才能让咖啡师在最短时间内做出一杯好咖啡给消费者。现在奇迹咖啡（Miracle）的咖啡师，为了应对上班族的需求，已经可以在短暂的高峰时间内做出两三百杯咖啡。

Miracle 这家店主打的是咖啡，不是我。

因此，所有关于 Miracle 的宣传都围绕着咖啡本身展开。有趣的是，Miracle 开业 3 周年的时候曾经举办活动，一直到那时，许多喝了 3 年的老客户才发现原来这家店的老板是林俊杰。

就做演唱会和开咖啡厅两件事来说，我最明显的变化在于我以前可能会很纠结于"我到底是要做来让大家喜欢？还是要把我的初衷做好？"，比较担心自己做的事会不会让粉丝不开心，或是自己的选择到底符不符合市场。出道 20 年，就一个歌手而言，我希望让大家都满意，其实不论我做得有多好，总有人会不满意。多年过去，我的心态转变，我不再担心是否会得到大家的认可，而是坚信只要把自己的东西做好就好。

奇迹咖啡大概就是检视我自己转变的一个重要里程碑。

我曾经担心过自己的咖啡厅是不是没有办法开很多间分店。以前我会有一种"不管做什么，都要做最大，要轰轰烈烈才是成功"的想法。但现在，我清楚自己的想法，认为既然要做，就要做好的，然后为此付出我应该付出的执着与努力。咖啡厅如果想盈利赚钱，最快的方式应该是做一家主要面向粉丝的咖啡厅，但我没有这么选择。并不是我不喜欢自己的粉丝，而是我觉得他们会长大，我不能一直做可爱的东西满足他们，否则他们会单纯因为"这是林俊杰的"而买单，无法理解咖啡的好，无法理解苦味所带来的深度。我相信我的粉丝在逐渐成熟，或许步调没有那么快，但我清楚知道经过了20年，我们都在长大，不会一直是初中生、高中生。我也需要对得起这份喜欢，拿出好的东西来回馈这份真心，这是我仅有的、能为"我们"做的一点小事。

这一切，可以从开一间我真心觉得好的咖啡厅做起。

现在咖啡厅的拓点也是保持着这样的心态在逐步进行。

Miracle 并不搞加盟，而是在到各个城市后，如果缘分使然，能认识到一样喜欢咖啡、志同道合的人，才会决定一起做咖啡。

我对咖啡店的心态是：对的地点、对的人、对的团队。

我并没有开放大型加盟的打算，否则以"明星品牌"，一年内或许可以开上百家。地点上，我也没有局限在中国和新加坡，如果在英国能有合适的人和地点，我不排斥。我理解一旦做了这个决定，就无法很快地在全世界开很多间，也没有办法赚大钱。我没少为 Miracle 做宣传，但我在做这件事的时候，没有把自己当成林俊杰，当作一个歌手。

我就是想做一个能做好咖啡的普通人，一个专业的咖啡师傅。

这也影响到我看待自己音乐事业的心态。

10周年的时候，我会一直看网上的评价，试图想要去满足大家，成为大家想看到的我，常唱大家想听的歌。现在20周年，我变得比较固执，坚持自己的做法。很多我的"铁粉"或许会说，我已经不是以前在体育馆里，大家想要我唱什么就唱什么的我。这次在"JJ20"世界巡回演唱会上选择以《记得》做开场曲，或许这不是最合适的选择，但我坚持认为这是我的起点。这场演唱会上，我想说的就是自己这20年来的故事，选唱的歌曲也都是为了符合这个故事，不是单纯唱大家想听的。

我认为，只要我做好自己，歌迷们会慢慢懂得我要说的是什么。

我每天有喝咖啡的习惯，但如果没有好咖啡，我宁愿不喝。

我享受慢下来品咖啡的过程。

所谓品的过程，就包括了要去了解对方到底在做什么？在喝什么？吃什么？这些东西背后的故事又是什么？为什么这个人冲的咖啡是这样？另外一个人用同样的豆子、同样的指数，冲出来的却是不一样的味道？这一切都需要去了解对方的故事，去了解其中个性化的差异与独特。这和做音乐是一模一样的，同样一段旋律，用吉他或钢琴演奏会有不同的效果，甚至不同的人弹出来不一样的效果。同样的一句歌词，每个人都能唱出不同的情感，这一切都需要去细细品味，才能分辨得出来那些细微的差异，才能感受到那份美好。

我期望自己做一个有品位的音乐人，在苦里面淬炼出人生奇迹的人。

↑ Miracle 奇迹咖啡新加坡店开幕。

Good Days of No Work
没 工 作 的 好 日 子

我已经好久没有工作了。

2022 年，接到了一个邀约，帮游戏写曲。在很短的时间内定方案，找了好友怀秋写词，自己编曲、配唱，一下子就忙碌起来。

我想很多人都是这样，没工作会感到不安，只要有工作了就开心，不管未来的日子是不是又忙到昏天暗地。

疫情期间停下来，是不得已，但仔细想想，也是好事。

上一次有这种感觉，是什么时候？是20年前了吧？

我记得，在后台看着舞台上阿杜的身影。

我记得，当他上台后，台下鼓动的掌声。

我跟阿杜是一起在新加坡参加比赛的。我们都选了张学友的歌，他唱《情书》，我唱《三天两夜》，入选后一起参加培训，也是同期里最后的幸存者。后来，我去当兵，阿杜则比我早出道2年。海蝶要开创新局面，真的不容易。服完兵役之后，我来到台北，有很长一段时间都在当阿杜的助理，也当过一阵子室友，跟着他跑演唱会。严格说来，我没正式工作，没有名片，忙碌于工作只是不想让自己闲着。如果想象自己的音乐事业一直没有进展，会觉得慌。看着阿杜的背影站上大舞台，心里踏实点，觉得自己还是在这条音乐路上努力着，没被忘记，即使只是做些买便当、跑腿的杂事。但闲暇之余，从没停止写歌。

↓ → 与师兄阿杜、许环良老师。

阿杜和我的关系比较像是兄弟。

当时我跟着他，就和现在我身边的阿信、阿龙是一样的。我一直在学习、模仿他。记得有次演唱会试音，我特意模仿阿杜的唱法，许多人都以为是他提前到现场彩排，我有点小小得意，那是给我自己的鼓励。我觉得既然是试音，包含声域、节奏越接近阿杜，对于其他技术工作人员来说，也越能调整到最完美的状态，这个想法也影响到我后来看待自己的音乐准备工作，不论是彩排，或者录制 Demo 带，我都以成品的标准来要求。一开始有些工作伙伴或乐手可能会感到不适应，认为还没到正式开唱，干吗这么较真。坦白说，回到那个起点想想，或许当时的我就是有一点不自信，觉得如果这次没做好，还会有下一次吗？况且在场有那么多同行老师听着，都在观察着我这名不见经传的毛头小子，他是谁？所以，只要能唱，每一次都必须是完美的，至少是当时我能做到的极限。

不过，在那等待发片的前期，我是无名小卒，也不会有人记得那个唱得跟阿杜百分之百一样的试音员是谁。对他的歌迷来说，我只是阿杜的助理，就是这样认定。当阿杜在大陆跑活动的时候，我就跟着跑；开小型演唱会，我就当小嘉宾。我那时唱歌也唱不好，不稳、会跑调，但仔细想想，或许也是心疼当时那么辛苦的自己。20 年，走了一圈，我回到起点，开始当起新人眼前的背影，这是一份责任。每个人都是需要经历岁月的洗礼才成长起来的。

发行第 1 张专辑时，公司在宣传上投入了很大的心力，但反响不如预期，至少是比不上当时人气火爆的师兄阿杜。我感到沮丧，用心准备了这么久，应该能更好的。我记得跟着阿杜到北京的 JJ Disco 俱乐部的庆功宴上以特别嘉宾的身份表演，那应该是我在大陆正式演出的起点。接着去上海宣传，可即使是托了人脉，记者还是不知道我是谁。阿杜理解我的焦虑，他话不多，但始终支持着我。他的专辑里面会有我的曲，让我感觉到我不是一个人前行。那是一段很特别的时期，我有担心、害怕、犹豫，但总是有人帮我出主意、扶持我，贵人相助的感觉让人安心。许环良老师、林秋离老师，都尽心尽力替我着想，相信我的音乐才华终有一天会被大众理解。在这样的鼓励下，我拼了命地跑宣传，不主攻大城市，3 个月内跑了 26 个县市，规模再小，我用心用力地唱，在书店、百货公司，没有灯光效果，一切自己来，不像如今在体育馆、运动场里唱歌。幸好，做足功课的学生，最终还是获得了肯定。

回到台北，开始准备第 2 张专辑。包括阿杜，我们坐下来好好谈过想法，我认为我是很虚心地想找出改进的方式，想追上阿杜的脚步，但就像刚开始他唱《情书》是用了最不像张学友的唱法，也表示他很早就找到让自己有辨识度的定位，虽然我可以模仿，但我自己是什么？我不清楚。我们把 2003 年销量好的专辑拿出来仔细比对，最终归纳出了两个原因：第一个是我的歌词太浅显，对听众而言不够深入，缺乏咀嚼感，这部分林秋离老师能帮得上忙；第二点是他们觉得我的个性太乖巧，像学校里受老师喜爱的模范生，但同学反而喜欢叛逆小孩。哈，怎么说，当时的艺人是很看重包装的，而这些标签很少是从艺人本身来提炼，往往是市场定位决定。我礼貌、守规矩，但调皮、爱玩，跟一般年轻人一样，而且我很爱玩游戏，简直可算是个 Game Boy。于是，我提出想参与专辑中《子弹列车》与《第二天堂》歌曲的制作，为此我还去玩了游戏《天堂 II》，争取到了第一个游戏代言，让歌曲和游戏真正结合。我渐渐找到了独特的路，往后的我都是带有一点点游戏心态，让歌曲变得有趣、好玩，至少是我一开始给自己找到的定位。

《江南》是我去西安看过兵马俑后所写的曲，这首歌虽然助推了我早期的成功，但其实整个创作过程相当曲折且令人不安。主要原因是，这首歌曲的定位和诠释，对当时还是新人的我来说，有太多种可能性，谁都不能确定。记得公司的宣传部在专辑发表前邀请媒体记者、电台 DJ 来试听，就是现在的盲测，得到的反馈是我不应该唱《子弹列车》《第二天堂》这样的歌，应该唱《距离》这类的抒情歌，认为整张专辑里最难听的歌是《豆浆油条》，而大家统一讨厌的歌是《江南》。很难相信吧？20 年后，大家都是事后诸葛。我在演唱会的歌单中，几乎没办法剔除《江南》《子弹列车》《豆浆油条》，因为是大家都热爱的歌曲，甚至能跟着一起大合唱。反过来说，这也是当时大众甚至专业音乐人对我的认识不清晰，对我的想象不一致导致的。

不过阿杜、许环良老师听了《江南》之后，都觉得歌曲有种说不出的魔力。我想，或许是因为他们才是真正了解我的人。对我来说，在音乐创作的路上，能够先遇到知音、伯乐是非常重要的，这需要有品位和高难度的专业判断。一个新人没有这些指引与做决定的勇气，就几乎扼杀了梦想启航的可能性。

阿杜当时站在高点上给我指引方向，同时也让我看见一个艺人的为难之处。当年他最红的时候，公司说要给他开最大型演唱会。他开始心悸，因为压力导致身体不太好，我送他去医院就诊。我一直明白阿杜的困难，他比我还内向，万人演唱会让他有了恐慌症，最后可能选择不办。我看着这一切就在想，如果有一天能拥有这机会，我一定要好好把握。但等我自己站上舞台了，才明白当时阿杜所承受的，是站在后台仅仅想要享受掌声的我，远远不能理解的。我现在还是会怯场、会恐慌、会不安、会担心，你说周而复始的巡演，应该早已习惯了吧？但追求完美的歌手，永远不会停留在舒适圈里，下一个挑战，总是更大、更远、更复杂的演出，前方总是有困难、有挫折的，甚至让人想逃避。

2018年上海，"圣所"世界巡回演唱会的第一场，我发高烧烧到40摄氏度。当时真的快不行了，去急诊住院，打类固醇，差一点取消演唱会，但最终我还是硬撑着上台演出。因为歌迷朋友都买票来听我唱歌，不能让他们失望，一定要履行约定。那3场的演唱会是我经历过最痛苦的演出，完全控制不了我的声音，不断破音。或许没能给到场的歌迷朋友们最好的视听体验，但我尽力了，没放弃。

我想过，什么时候该停下来，跟阿杜一样，组个家庭，有了孩子，当爸爸去。

我跟阿杜现在相聚比较少，但每次一想起他，都提醒着我的起点、初衷，以及他的理解与陪伴。

想起那段没有工作的好日子，拥有最多理解与支持的伙伴们，自己真的很幸运，虽是资源最少，但那是最不孤单的一段时光。

曲终人不散，因为你们都在。

↑ 2005 专辑发布会。

→ 许环良老师谈《江南》

我听着《江南》的旋律,看着《江南》的歌词,感受到的第一个考验是,原版的歌词与旋律不太符合。JJ写的《江南》A段旋律听起来像是个循环,这首歌要表达的应该是文化交叠、时间交错后的错乱。当我和蔡政勋老师沟通编曲时,便希望他朝这方向处理。到了配唱时,歌词不过关,又找来林秋离老师写词,林秋离老师一个晚上就将歌词写好。过了歌词这关,又面对第二个考验:该如何向JJ解释歌词里的意思。从西安兵马俑到江南,对JJ来说,这是跨度极大的尝试,像是不同的意境与故事。我们讨论了好久,才顺利配唱出符合词的故事感。第三个考验,就是编曲的间奏,这是通过随机采样找人吟诗完成的,配唱之后,感觉始终不对。经过反复调整,才成就了现在大家熟知的《江南》。

我带着这张专辑到美国去做混音。在回来的飞机上,跳脱制作人的身份,再听一次,突然觉得《江南》有种魔力。为了确认这种感觉,我拿《江南》给阿杜听,阿杜也认可。我觉得《江南》是专辑成败的关键,可惜的是当时的大部分人都不认同我。他们认为《江南》的旋律是写给年轻人听的,但词却是写给老年人看的。当时,我无法明确说这首歌为什么好，只是觉得这首歌有种莫名的未来感，很潮。原本这第2张专辑叫作《第二天堂》，但因一些原因需要更换专辑名。在我的建议下，便以《江南》之名在大陆发行。我们选择将这首歌免费授权，让大家都可以用这首歌作手机铃声。我记得当时整个北京三里屯的人仿佛一瞬间都在听《江南》这首歌，JJ随之在中国爆火。后来，《江南》红回新加坡和马来西亚等。在那个没有自媒体的时代，大家都是靠听电台节目和看报纸来获取讯息的，JJ返乡过年时发现身边的亲友竟然都知道这首歌，可见当年《江南》的火红程度。

20 Years to Rediscover Happiness

我用 20 年，重拾快乐

20 年，好快。

我很喜欢诺兰的《星际穿越》。对我来说，时空折叠并不是无稽之谈，每次登台演出，在歌单中唱颂的每一首歌都标志了一个时间段的自己，但即使是同一首歌，在时空的凝视中都映射出不一样的角色。20 年后，当我做新专辑时，我常常会感觉到穿越时空的黑洞来到

另外一个维度,我得以用不一样的角度来审视,我是现在,是过去,也是未来,属于我的愿与愁。

前10年,我在制作专辑时,说的多是"别人的故事"。后10年我学会了聚焦在讲述自己的想法、体验和过程,我不再追求"第一名",但创作仍是完整的,一体的。

相对音乐创作,个人的生活像是坐云霄飞车,是被拖着走的。直到近3年,或许是我更成熟了,我发现不管自己的情绪如何起伏,世界的运转也不会因此而改变。有些对自己重要的人逝去了，不在了，谢幕了，像是林秋离老师的离去，即使难过，生活还是要继续往前走。因此，学会看开，让自己逐渐达到内心的平衡，要更豁达地面对这个世界，而不是束缚在自己的世界。这当然也影响了我的音乐创作。

这次20周年演唱会里，我发起了"#roadtojj20"的话题标签，但这条路的终点在哪里并不是最重要的，重要的是如何在这条路上找回快乐。我想知道找回快乐需要什么代价，要去掉多少杂念才能让自己找回初心。

仔细想想，这只是一段新旅程的开始，来到这里，不是终点站，坐在这JJ20的分界点上，后面的旅程该往哪里走？站牌上有许多可能性，这张专辑的音乐创作，仿佛就是在这些未来的旅程里捕捉可能性，期望那通往未来的站牌能显示答案。

这个分界点的站名是什么呢？
我最渴望解答的问题是什么呢？
在这里，我想遇上什么样的人事物呢？
在这里，我想讲什么样的故事呢？
重拾快乐，是我在这一站驻留时，从心底涌现的声音。
一瞬间，那站牌上随着音符，浮现了一连串通往未来的名字。

《Dust and Ashes》这首歌一开始没有中文名字，虚无缥缈，该这么说吗？我在写这首歌的时候，脑中的第一个画面是类似泛着金光的仙尘（fairy dust），但后来决定把 fairy 拿掉，改为"Dust and Ashes"。光看字面或许会觉得这首歌是灰暗的、没有光彩的，但实际上我想表达的是人生如微尘。在生活里，不管是阳光普照，还是倾盆大雨，我们都能看到灰尘，甚至在阳光明媚的时候，灰尘会更显眼。没有灰尘，我们反而不容易看见光线的形状，也捕捉不到方向，是那些微尘让无从捕捉的生命显现出光彩。人的一生中会看到很多负面的东西，或者来自挫折，或者是命运的无常，但哪怕是渺小如尘，那都是人生，你我终会沦为尘埃漂流，等待花季烟雨稠，再化降水驻守，属于你的愿与愁。

《孤独娱乐》这首歌的英文名是《Happily, Painfully After》。童话故事总会以"happily ever after"结尾，但现实生活很少从哪一刻开始是永远快乐的，还是会痛吧，但也还是会快乐。我特别喜欢"孤独娱乐"这四个字，痛心疼快乐，不是吗？痛与快乐一直是并存着，人人都羡慕"快乐"，但人人都不喜欢的"痛"竟然会心疼着"快乐"，因为快乐的背后是那些不为人知的酸涩与付出的代价。20年，必须经历痛和低潮，才能得到快乐。

痛与快乐是一种对话，为什么你无视坎坷？世间有着这么多的灾难，我们该怎样才有机会找到快乐的理由？疫情是个很长的考验，成长也需要付出代价，还有生老病死无从逃避，唯一能够解决问题的人，似乎只有自己。

我必须拿孤独当娱乐，一切都显得缓慢，苦涩。

我知道世界是黑暗、无光，但负伤挺进的人只能是我们。

为了找到快乐，不言退，不流泪，不狼狈，也不想认命迎合，不是吗？

痛濒临快乐。

痛心疼快乐。

你也是，我也是。

《自画像》，听说美术大学入学考试常考的就是这一题。

我是谁？是永恒的命题，也是最难的一题。

因为这个"我"是我们朝夕相处无从逃避的人，但每日在镜中看见的人，在忙碌的日子里停下来时，也常常是觉得最陌生的人。

他是谁？20年前的我如果还有机会跟现在的我，对话呢？

经过滴答滴，滴答滴，时间淬炼了光泽，只有记忆淡了，真实的感受才浮现出来，变得深刻，远看着你，是完美，却不懂，我们之间，唱着歌，我愿坐下来，听听我自己唱唱看我是谁。

谁能理解我这 20 年呢？谁曾经跟我一起凝视着他呢？

我找来多年的合作伙伴，同时也是林秋离老师的徒弟林怡凤来作词。

还在海蝶时，怡凤是负责照护我生活起居的助理，后来逐渐熟识成为好友，她帮我写词，我们成为最好的合作伙伴。

这次找她写词，是因为好奇如果透过她的角度来写我的话，那会是怎样的林俊杰？而后来，我从这首歌的歌词里找到一种亲密感，认为这首歌在讲自己，也在讲每个人心中的投射出来的"你"。在她的眼中，我永远是当初刚来台北的小孩，她永远能看见我的初衷与美好。

这首歌的视觉灵感源自我在 Instagram 上看到一位英国韩裔画家 Henrik Uldalen 的画作，我非常喜欢他的作品，主动私信对方，希望能为我画像。对方答应以后，要求我拍摄一张赤裸上半身，双手伸向空气中的照片给他。

最初，大家都不明白为什么需要这么做，但看到成品后，大家都感到非常惊艳。

我也理解，每个人都是透过他人的视线来看自己，听歌也是。

这是我的自画像，也是每个人的自画像。

20 年，如果还剩一件事情可以做呢？

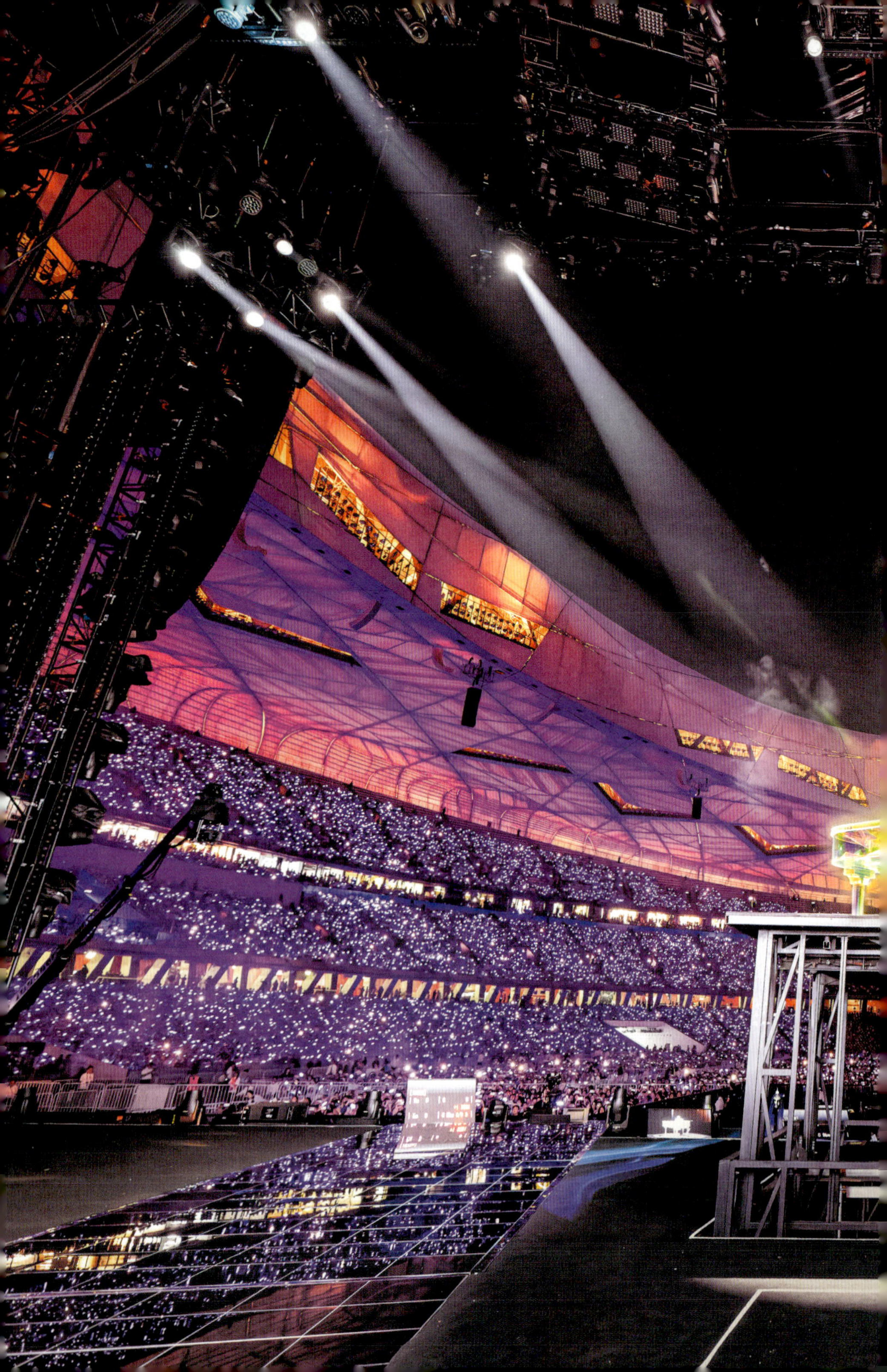

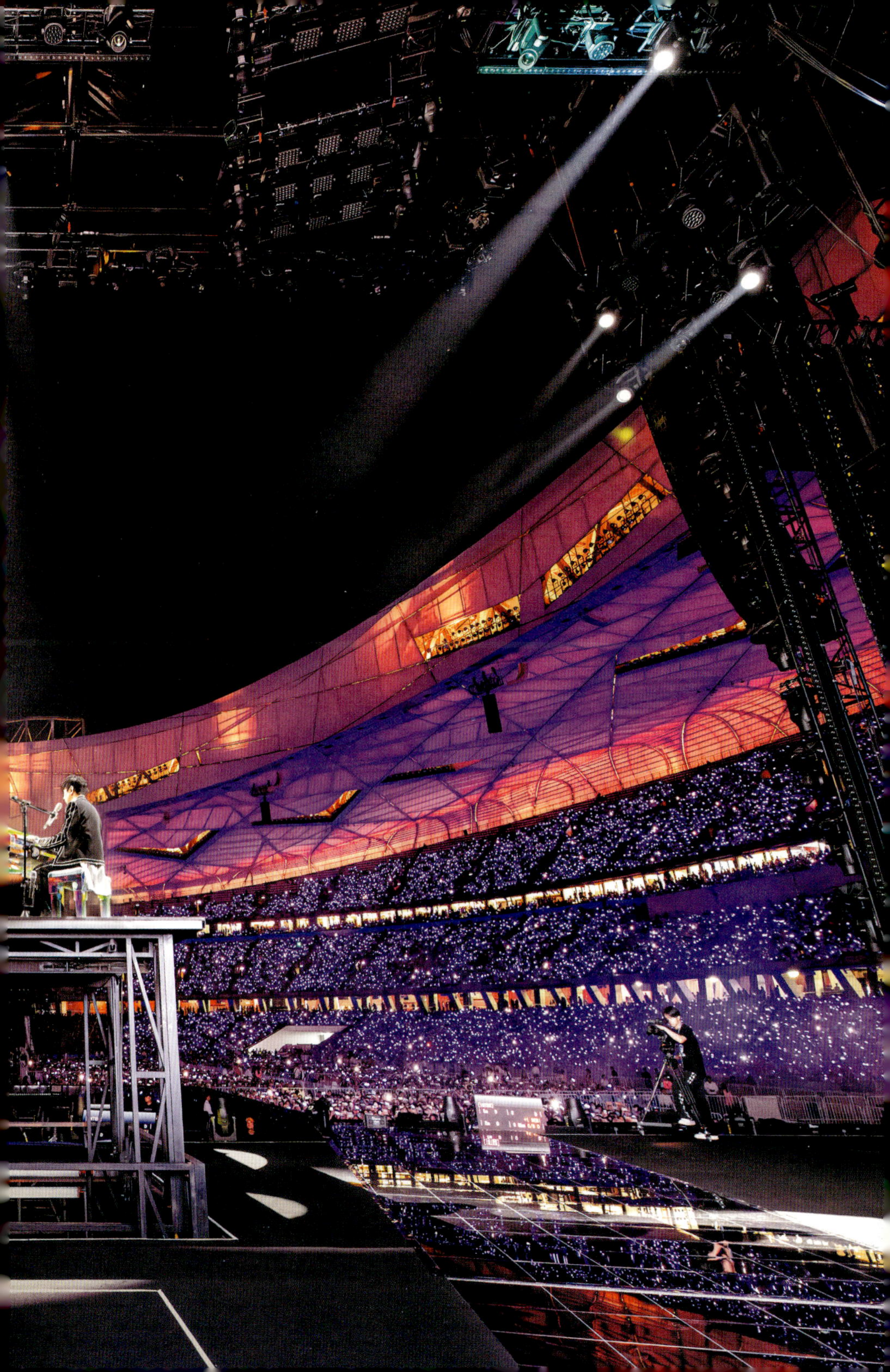

选择爱吧。

诺兰的《星际穿越》，我最喜欢的是遇到困难时，人需要出发去面对问题，出发是为了保护自己最重视的人事物，也许命运的安排，我们不得不出发。

对我来说，音乐创作是包含这一切的理由。

然而回过头看，在这时间的宇宙里不管航行多久多远，终究是为了爱，为了难得的牵绊，父亲与女儿的亲情是一种，男与女的情爱是一种，歌手与歌迷的相知也是一种，我想这孤独的探索不管有多远多久，终究都是为了爱吧。

在追寻爱里，即使孤单，我们也得以重拾快乐，这是我所相信的。

→ 许环良老师说

听了林俊杰准备收录在 20 周年专辑中的新作《Dust and Ashes》后觉得欣慰，因为听到了林俊杰的初心。

互联网时代，资讯获取相当容易，相对应的是观众的注意力更容易被分散。打开网络，大家都忙着种草，比谁的草地更大，但种草是无用的，只有种树才有用。只有树，才能让人们在茫茫草地中一眼看见它的身影。种树的重点并不是那棵树长得有多高，而是它的根扎得多深。互联网时代让大家变得越来越碎片化，音乐人趋向于做更多的尝试与突破，却忘了检视自己的根是不是足够深。

而林俊杰最可贵的是，他即使经历过多次身份转换，却依旧没有忘根。在我打造过的众多歌手中，林俊杰是很特别的存在。他非常清楚地知道自己是如何成功，如何一步步走到今天的，而有些歌手成功后便忽视了过去的积累。现在许多歌手都想要尝试成为制作人，这并非不可取，但成为制作人需要很多时间与精力，更不应该借此否定自己过去的作品，说出诸如"这才是我真正想表达的"这类的话。一个歌手之所以能走到现在，完全是因为他过去的积累。

Encore
and
Beyond

非 关 安 可

　　大部分人都是透过林俊杰的歌曲认识我的。然而，有些心情和感动，真的不是音符都能表达出来。

　　小时候，我其实是个爱写日记的孩子。那些藏在心底的感受，如果不写下来，就会像风一样消失，再也找不回来。有时候，用写的，更直接、更纯粹。

　　这本书，算是目前为止这辈子写过最长的一篇日记了。JJ20，出道 20 年，因为有音乐跟歌迷相伴，觉得自己的人生真的很精彩！我一直相信，每个人来到这个世界上，都是带着一份特别的天赋和使命。或许你曾经迷茫，但只要愿意尝试和努力，你也可以拥有自己的梦想成真！

　　我始终相信，这个世界上充满了心里裹着光的人，也希望我的坚持和努力，能够带给朋友们更多的温暖和光芒。我会继续带着微笑，用音乐表达自己，让每一天都过得开心满足。

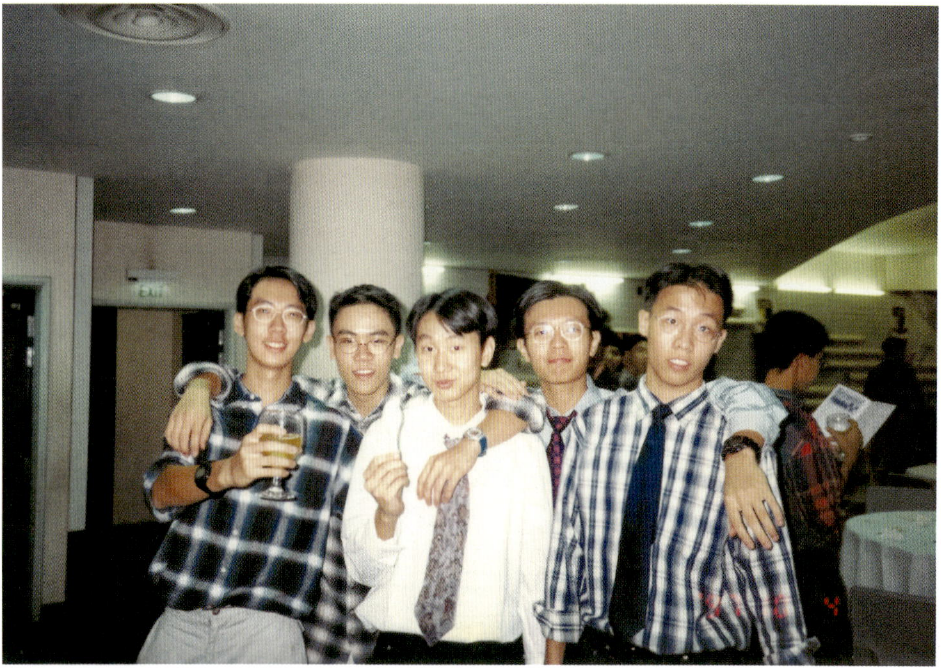

← ↑ 中学毕业典礼与同学合影。

↑ 与高中同学。

↑ 高中美术班同学，学校本来没有美术班，四人一起跟学校申请，后来成立了第一届的美术班。

林俊杰

歌手、制作人

2003 年推出个人首张专辑《乐行者》

因其出色的现场表演和宽广的音域被乐迷称为"行走的 CD"

2023 年是他以歌手身份出道的第 20 年

音乐事业之外，林俊杰还是一位创业者

他成立了制作公司 JFJ Productions

生活方式品牌 SMG

电竞组织 Team SMG

手工咖啡品牌 Miracle Coffee

对林俊杰来说，勇于尝试、坚持信念，是永远的态度

何昕明

作家、编剧

波士顿大学艺术创作硕士

曾获得金马奖、金鸡奖与金钟奖最佳编剧奖项提名

现为政治大学传播学院兼任助理教授及好故事工作坊负责人

并担任上海克顿传媒中国好剧本大赛一、二届评审

代表作电影《后来的我们》，电视剧《微微一笑很倾城》《杉杉来了》《胜女的代价》等

近期作品为 2023 年上映的改编自宫部美幸的影集《模仿犯》，播出首周取得平台全球第二名纪录

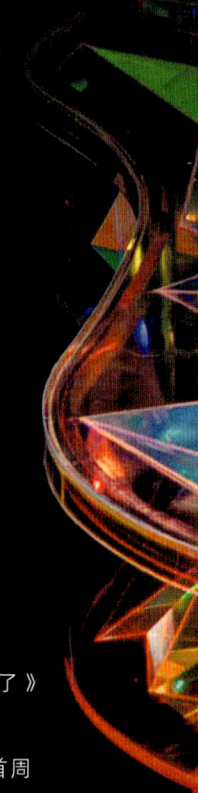

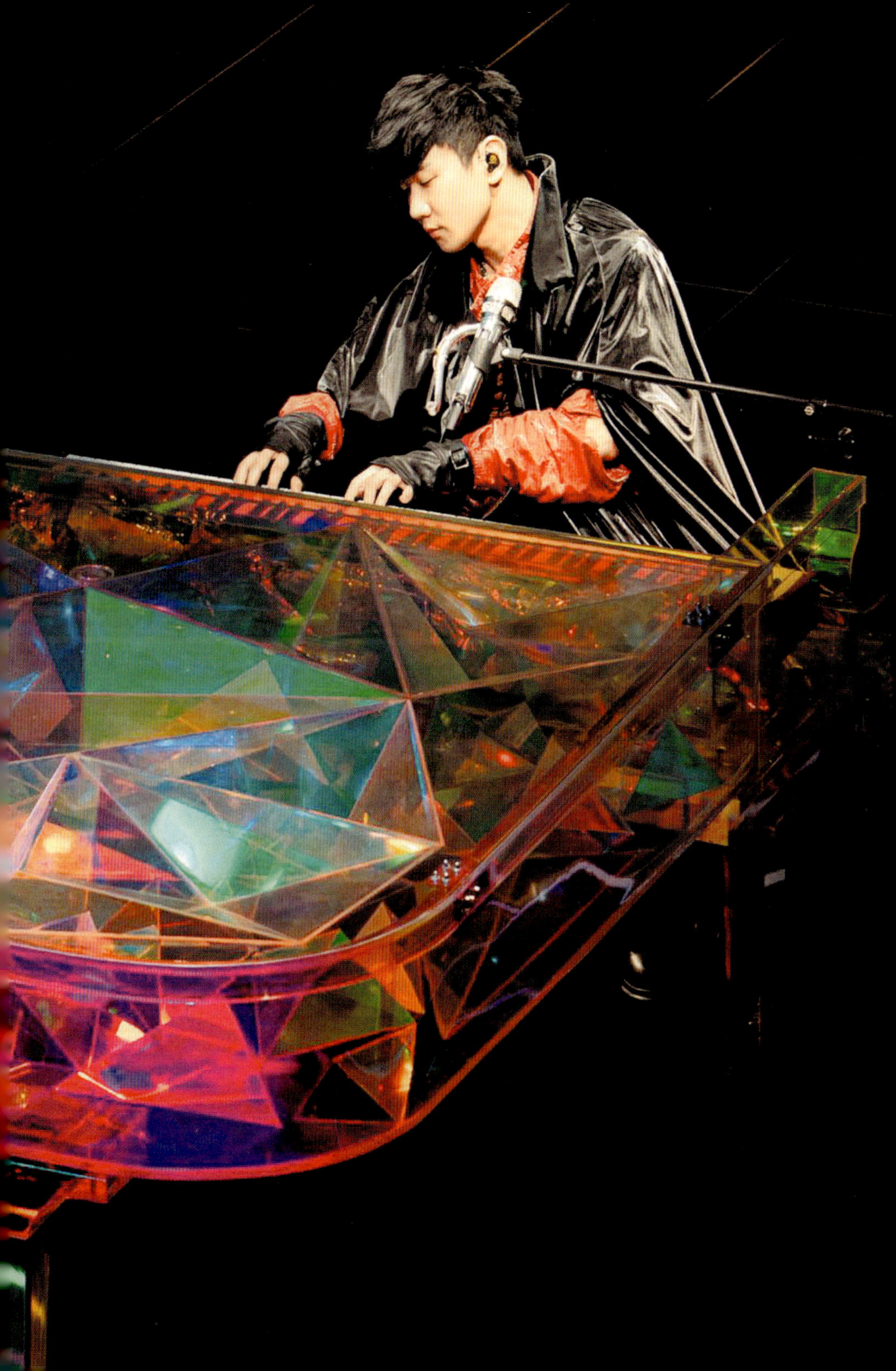

监制：**林俊杰** JJ Lin
徐佩云 Yvonne See
艺人经纪：**徐佩云** Yvonne See
孙凡崴 Gaspard Sun
陈淑珍 Karen Tan
数位创意执行制作：**万怀祖** Luat Wan
行政统筹：**孙凡崴** Gaspard Sun

内容参与

巡演运营总监\奇迹咖啡董事长：**陈鹏泽** Derek Chen
JFJ 总经理：**黄冠龙** Alex.D
SMG 营运总监：**陈俊勋** Bruce Chen
SMG 美术总监：**郁明轩** Ming Yu
艺人助理：**彭靖深** JS Pang

特别感谢

（按拼音顺序）

蔡康永　何炅　林爸爸　孙燕姿　王嘉尔　五月天阿信　周杰伦

鸣谢

林妈妈　林哥哥　陈泽杉　林怡凤　许环良　易家扬　张怀秋

封面画像：Henrik Uldalen

© 2024 JFJ PRODUCTIONS CORP. LTD 版权所有

策划制作

可起工作室 TRUE UP STUDIO

刘希艾 Olivia Liu　**陈郁文** Chen yuwen

文字记录

陈怡慧 TAN YEE HUI

超越音符：林俊杰 20 周年

作者 _ 林俊杰　何昕明

产品经理 _ 殷梦奇　　装帧设计 _ 朱镜霖　欧阳颖　　产品总监 _ 应凡
技术编辑 _ 顾逸飞　　责任印制 _ 杨景依　郭碧涵　　出品人 _ 贺彦军

营销团队 _ 魏洋　马莹玉　张艺千　毛婷

鸣谢

蔡丹君　陈碧　陈韵　丁桢　钱怡　石祎睿　文歆　张立婷

果麦
www.guomai.cn

以 微 小 的 力 量 推 动 文 明

图书在版编目（CIP）数据

超越音符：林俊杰 20 周年 /（新加坡）林俊杰，何昕明著. -- 南京：江苏凤凰文艺出版社，2024.11（2024.12 重印）. ISBN 978-7-5594-9074-2

Ⅰ. K833.395.76

中国国家版本馆 CIP 数据核字第 2024GC2638 号

超越音符：林俊杰 20 周年

[新加坡] 林俊杰　何昕明　著

出 版 人	张在健
责任编辑	白　涵
特约编辑	张　倩　殷梦奇
出版发行	江苏凤凰文艺出版社
	南京市中央路 165 号，邮编：210009
网　　址	http://www.jswenyi.com
印　　刷	天津市豪迈印务有限公司
开　　本	1280 毫米 ×890 毫米　1/32
印　　张	9.25
字　　数	165 千字
版　　次	2024 年 11 月第 1 版
印　　次	2024 年 12 月第 3 次印刷
书　　号	ISBN 978-7-5594-9074-2
定　　价	98.00 元

江苏凤凰文艺版图书凡印刷、装订错误，可向出版社调换，联系电话：025-83280257